THE MYTHS OF HAPPINESS

ソニア・リュボミアスキー 著
SONJA LYUBOMIRSKY
金井真弓 訳
渡辺 誠 監修
ポジティブイノベーションセンター代表

リュボミアスキー教授の
人生を「幸せ」に変える10の科学的な方法

日本実業出版社

THE MYTHS OF HAPPINESS

by Sonja Lyubomirsky

リュボミアスキー教授の
人生を「幸せ」に変える10の科学的な方法

「人生というものは、
その出来事が期待とは一致しないように、
また一致できないようにできているものだ」

——シャーロット・ブロンテ

「いま、もっているものに満足しない人は、
これから手に入れるものに満足することはない」

——ソクラテス

「チャンスはそれに備えている者に訪れる」

——ルイ・パスツール

目次

リュボミアスキー教授の人生を「幸せ」に変える10の科学的な方法

Contents

リュボミアスキー教授の人生を「幸せ」に変える10の科学的な方法

PART II 「人とのつながり」にまつわる誤った神話

PART III

「年齢」と「健康」にまつわる誤った神話

装丁　石間淳
カバーイラスト　添田あき
本文デザイン　新田由起子（ムーブ）
ＤＴＰ　藤原政則（アイ・ハブ）
編集　浦辺京子

Prologue 「幸せ」の神話からわかったこと

私が**「幸せの神話」**と呼んでいるものの存在は、多くの人が認めるでしょう。

「幸せの神話」とは、仕事、お金、結婚、子どものように**「大人になってから手に入れたもの」**のおかげで幸せがずっと続くと信じること。反対に、病気、人生のパートナーの不在、お金が少ないことなど**「大人になってからの失敗や不運」**のせいでずっと不幸なままだと信じることもそうです。

このように、「何があれば幸せか」という視点で「幸福」について考える姿勢は社会に根づいていて、なかなか消えません。人間の幸せが、黒か白かの原則通りの結果にならないという証拠は山ほどあるにもかかわらず。

そんな「幸せの神話」の1つは、「私は○○（ここに適切な言葉を入れてみてください）したとき、幸せになれるだろう」という考え方です。

たとえば、次のようなものです。

「昇進したら、幸せになれるだろう」
「お金持ちになったら、幸せになれるだろう」
「結婚式の誓いの言葉を口にするとき、幸せになれるでしょう」

もちろん、このような夢がかなっても幸せになれない、というわけではありません。幸せが訪れるのはほぼ間違いないでしょう。

問題は、こういった夢をかなえても――初めのうちは完璧に満足しても――予期したほどの強い幸福感がないこと（または長続きしないこと）です。それゆえ、目的を達成しても、予想したほど幸せには感じません。「きっと、自分が何か間違っているのではないか」とか、「こんなふうに感じるのは自分だけかもしれない」と思ってしまうでしょう。

一方で、「私は○○（ここに適切な言葉を入れてみてください）したとき、幸せになれないだろう」という「幸せの神話」もやはり人々に浸透しており、同じように有害です。

ネガティブな変化が自分の身に降りかかってきたとき、過剰な反応をしてしまうことはよくあります。「これからは二度と幸せになれない」と感じ、「自分が知っているような人生はもう終わった」と思ってしまうのです。

「夢はかなえたけれど、前よりも空虚な気持ちだ」
「仕事がこれまでと変わってしまった」
「とても後悔している」

このような感情を抱くのです。

私が本書ではっきりさせたいのは、一見すると大きな困難によって人生が決定的に、しかも永久に、よいほうか悪いほうへと変わるように思えるかもしれないけれど、そのような影響を左右するのは、実をいえば私たちの**「反応のしかた」**しだいだということです。実際、そもそも出来事の変化を危機的な状態にしてしまうのは、予測可能なありふれた人生の実の姿ではなく、私たちの「最初の反応」なのです。

不運なことに、「最初の反応」のせいで、人は「劇的な（そしてしばしば壊滅的な）対応を選ぶしかない」と思い込んでしまいます。たとえば、もはや仕事で満足感が得られないとわかると、その仕事に悪い点があるのだと決めつけて、ほかの職をすぐさま探し始めるというのは、よくやりがちな「最初の対応」です。

けれども、仕事の形を変えたり考え直したりせずに、「もっと長い目で見る」という解決方法を試す価値もあるかもしれないのです。つまり、現在の自分の考えや気持ちを再検討したり、修正したりするという選択肢です。

本書では、大人が経験しそうな10種類の危機的な状況を取り上げています。

仕事の不安、経済面での成功や破綻などの「お金と仕事の動き」（**ＰＡＲＴⅠ**）。

結婚、独身、子どもなどの「人間関係」（**ＰＡＲＴⅡ**）。

そして最後に、健康問題、加齢、後悔など「中年以降の年齢に伴う問題」（PARTⅢ）です。

最初から順番にではなく、自分に最も関係がある危機的な状況が書かれたところ、最も興味があるところから読み始めてみてください。

そして、ただ恐れたり落ち込んだりするのではなく、**「危機的な状況とは、生まれ変わったり成長したりするチャンス、意味のある変化なのだ」**と考えるのです。大事なのは、そのような状況にどう対応するかです。「チャンスとは、それに備えているものを好む」ことを科学が証明しています。

私はこの本で、ポジティブ心理学や社会心理学、性格心理学、臨床心理学をふくむいくつかの分野での調査を活用して、重大な「ターニングポイント（岐路）」に直面した際に、賢い選択ができるように手助けをします。私が述べる科学的な見解を知れば、より広い視野をもてるようになるでしょう。

あなたがどの道を進めばいいかまでは教えてあげることはできませんが、私が提供するツールを用いれば、きっとより健全で、より十分な情報にもとづいた決断を自ら下すことができるはずです。どこに本当の幸せがあり、どこにないのかがわかるよう、しっかりと準備するためのお手伝いをします。

人生が二度と前とは同じにならないだろうと感じる瞬間、ハッと自覚した瞬間、あるいは耐えがたい知らせを受けた瞬間など、危機的な状況は人生で重要なタイミングといえます。記憶に残る方向転換のときこそ、よく考慮して対応すべきです。これは、そうした時期が、ただ重大だからというだけではありません。明らかに意気消沈しそうなターニングポイントでさえも、人生でのポジティブな変化を起こす道につながる可能性があるからなのです。

最近の調査からわかったことですが、たとえば、**「いくつか悪いことが起こったとか、人生が変わるような瞬間を味わったなど、ある程度の逆境を経験した人は、まったく逆境を経験しなかった人よりも、最終的には幸福になる」**そうです。そして、悩みを覚えたりトラウマがあったり、ストレスを感じたり健康を害したりすることがより少なくなるのです。

打ちのめされるような瞬間を幾度も耐えると、人はたくましくなり、その後、大なり小なりの困難やトラウマに対処する心構えがさらにできるようになります。

「回復力をはじめ、人生での困難の意味を理解すれば、人は自分のアイデンティティを確固たるものにし、未来についてより楽観的な見方をして、進行中のストレスの源にいっそう効果的に対処していくこと」が調査の結果からわかっています。

重大なポイントは、私たちが2つ以上の道を追って岐路に立つ場面に多く見られます。このときにどんな対応をするか？　もう「引き返せない地点だ」と思えるかもしれませんが、その対応のしかたがどのような結果になるかを決定する一因になります。ですから、「幸せの神話」によって、人の反応がどう変わるのかを理解すれば、私たちはもっと賢く対応ができるのです。

実際、「理想の仕事に就いた」「お金が入った」「パートナーができた」「子どもができた」ときに、幸せになれる、という誤った考え方の影響力がわからないと、なんとも不適当な決断をしかねません。

たとえば、申し分なくすばらしい仕事や結婚生活を捨てたり、子どものことで人間関係を壊したり、お金を浪費したり、自尊心を傷つけたりといったことをしてしまうのです。

そして「私は（業績を上げないと、お金がないと、パートナーがいないと、若くないと）、幸せになれない」と思い込み続けると、知らず知らずのうちに自分が予言した通りの状況になるかもしれません。つまり、ターニングポイントが幸福に悪影響を与え、まだ満足すべき点が人生にはあるのに、それをだめにしてしまうのです。

危機的な状況にあるときにどのように対処するか。上を向いて歩き出すべきときに、うなだれたままでいるのかどうか。行動すべきときに、じっとしているのか否か。そのような対応の違いが、人生に次々と影響を与えるでしょう。この対応の1つひとつが、将来を選択するのです。たとえば、こんな話があります。

昔、貧しい村に住んでいる1人の老人がいました。隣近所の人は、老人を裕福だと思っていました。なぜなら老人は馬を1頭もっていて、何年もの間、畑を耕させていたからです。ある日、老人の大事な馬が逃げ出してしまいました。その話を聞いて、隣人たちは老人を慰めに集まってきました。「なんとも不運なことですね」。彼らは同情を込めて言いました。「そうかもしれん」と老人は答えました。

翌朝、馬は戻ってきたばかりか、6頭の野性の馬も引き連れてきたのです。「いやはや、素晴らしいことですね」と隣人たちはお祝いの言葉を言いました。「そうかもしれん」と老人は答えました。

その翌日、人に慣れていない馬に鞍《くら》を置いて乗ろうとした老人の息子が振り落とされ、片足を折ってしまいました。またしても、隣人たちは老人の家を訪ね、不運な出来事に同情の言葉を述べたのでした。「そうかもしれん」と老人は言いました。

そのまた翌日、若者たちを戦へ引っ張っていくため、村に役人がやってきました。老人の息子が足を折っているのを見て、役人たちは彼の前を素通りしたのです。物事がいいほうへ変わったことで、隣人たちは老人にお祝いを言いました。「そうかもしれん」と老人は答えました。

「喜びと悲しみは入念に織り込まれ」

ウィリアム・ブレイクの「無心の前触れ」という詩のこの1行は、優雅で簡潔に、前出の老人の物語から知恵の核心を引き出しています。さらに、「幸福の神話」が間違っている理由についての答えにも助けとなるでしょう。

ある特定のターニングポイントでは、泣くか笑うかのどちらかしかない、と考えてしまうかもしれませんが、実際はポジティブな出来事とネガティブな出来事は絡み合っているのが普通です。いくら結果を予測しても、思いがけないことが次々と起こるかもしれず、途方もなく込み入ったものになっているのです。

ヴァージニア大学のティム・ウイルソン教授とハーバード大学のダン・ギルバート教授とその同僚たちによる数々のすばらしい実験では、**「私たちの大きな間違いは、人生での特定のネガティブな出来事（HIVと診断されたこと、大切な仕事をクビになったことなど）によって絶望にかられたとき、その苦悩がどれくらい続くのか、どれほど激しいかについて大げさに考え過ぎることだ」**と示されています。

また、**「人生での特定のポジティブな出来事（大学で終身地位保証のある職に就けたこと、プロポーズを承諾してもらえたことなど）のおかげで大喜びしているとき、喜びの大きさや、それが続く期間を過大に評価し過ぎていること」**もわかっているのです。

私たちがこのように苦悩や喜びを過大評価してしまう主な原因は、おみくじつきのフォーチュンクッキーに入った格言に、とてもうまく要約されています。

「人生のことを考えているうちは、あなたが思っているほど、人生には大事なものなどない」

別の言い方をすれば、**「人生の変化が幸せに与える影響の過大評価」は、私たちがずっとそのことについて考え続けているわけではないことを予測できないために起こる**のです。「この恋愛がだめになったらどんなに落ち込むだろうか？」とか、「ようやくお金が手に入って長年の夢だったビーチハウスを買えたらどんなにうれしいだろうか？」ということを予想してみるとしましょう。

そんな出来事が起こってから数日、あるいは数週間、数か月と経つうちにいろんなことが起こって、喜びが薄らいだり、悲しみがやわらいだりする可能性を考えようとしないのです。たとえば、車の渋滞に巻き込まれたり、悪意のある言葉を耳に挟んだりすることなど、日常的なわずらわしいことや、一方、旧友にバッタリ再会することなど日常的に心がうきうきすることによって、私たちの感情はかなり揺さぶられ、失恋の苦悩が弱まったり、新居を手に入れた喜びが薄らいだりします。

未来の自分の感情を予測できない大きな要因は、あと2つあります。

1つ目は、私たちが予測しているターニングポイントでの衝撃を正確には想像できないためです。たとえば、私たちの多くは結婚したらこんなことが起きると想像しているでしょう。暖炉《だんろ》のそばで2人で飲むシャンパン、情熱が赴くままのセックス、腕に抱かれて眠っているぽっちゃりした赤ん坊。私たちは数々のストレスや浮き沈み、情熱が薄れること、いくつもの意見の相違や誤解、長続きする愛がないことへの失望は思い描いてみないのです。同様に、「失業や、シングルでいることへの深い後悔を経験したらどんな感じだろう」ということを、私たちはあまりにも暗く悲観的に思い描いているものです。

間違った予測をしてしまう2つ目の要因は、ギルバート教授やウイルソン教授が**「心理的免疫システム」**と呼ぶ力を軽んじているためです。免疫細胞の多くは病原菌や疾患から人間を守ってくれますが、それと同じように「予測能力にも、失敗を正当化する才覚から、難局を乗り越える能力まで、たくさんのスキルや才能があること」がわかっています。このようなスキルや才能のおかげで、逆境やストレスにぶつかったときにも負けずにいられるのです。

人は、想像以上に回復力があり、ネガティブな経験をすぐさま無視したり言い逃れしたり、阻止したりでき、そうしたネガティブなものをポジティブなものに変えることもできます。

たとえば、労働時間を大幅に削減されたら、どんな気持ちになるか想像してみてください。理解できないかもしれませんが、最初の落胆や自信の喪失は次のようなものによってやわらいでしまうのです。仕事をしないせいで余った時間をジムで過ごすので、健康状態がよくなること。余った時間を子どもと遊んで過ごすので、子どもといっそう親密な関係になること。そして、挫折によって、自分でも気づかなかった強さをもっていることがわかり、成長を実感すること。

でも、誤解しないでください。振られたり、失業したりした後の最初の落ち込みが、喜びに変わるわけではありません。研究からわかっているのは、「『心理的免疫システム』が苦悩を軽減する役割を果たしているらしい」ということです。

明らかに、ポジティブな出来事の後でも「心理的免疫システム」は働きます。〈誤った神話〉の2、5、8で詳しく話すつもりですが、人間というものは新しい仕事や富、人間関係に適応してしまう、途方もない能力をもっています。その結果、それほど実りある人生の変化でも、時が経つにつれてしだいに薄らいでいくのです。

「快楽順応」と呼ばれる、この現象は本書の重要なテーマとなっています。なぜなら、幸せにとって、自分の身に起こるポジティブな出来事のすべてに慣れてしまいやすいというのは、大きな障害となるからです。

では、最終的に新しい仕事や新しい家、新しい成功に慣れてしまうのならば、こういったものから長続きする喜びや満足感は得られないのではないでしょうか？　このような質問に対して、この障害をどう回避するか、あるいはどう乗り越えるかについて、私はいくつか証拠にもとづいた提案をしたいと思います。そして、幸せや達成感を得るための道を見つけていきます。

マルコム・グラッドウェルは彼のベストセラー、『第1感「最初の2秒」の「なんとなく」が正しい』（沢田博、阿部尚美訳、光文社、2006年）で、「まばたきする間（ほとんど情報がなく、純粋に感情や本能にもとづく）に行なわれる決断は、慎重に筋道を立てて熟考したものよりも優れている場合が多い」という考えを述べています。

マスコミもこれに一役買い、この気分がよくなるアイデアが嬉々として広く取り上げられてきました。何もしようとせずに重要な決断や判断を直感に頼る、という考え方はとてつもなく魅力的です。すぐさま物事を解決してくれる方法を求めるアメリカ人にとってはとくにそうでしょう。

しかし、私は本書で、「『第2感（あるいは第3感でも）』が最もいい考えではないか」と主張したいと思います。私の取り組み方は、いわばこうです。

「考えなさい、まばたきしてはいけません」

「第1感」と「第2感（あるいは何番目の「感」でも）」のどちらが最高かをめぐる論争には長い歴史があります。プラトンやアリストテレスに始まり、哲学者、作家、この数十年では社会心理学者や認知心理学者は、人が判断や決断を下すときに、脳がとる2つの異なった仕組みを区別してきました。

1つ目の仕組みには、「システム1」というあまり気が利いていない名がついていて、私はこれを**「直感」**と呼ぶことにします。これはグラッドウェルが『第1感』で述べたものです。私たちが「仕事をやめようか、どうしようか」という判断を、直感や本能、あるいは瞬時の感情に頼って下すとき、直感的な仕組みを当てにしています。そのような決断は非常にすばやく、しかも自動的に下されるので、正確にはどんなものが影響を及ぼしているのか、私たちにはわかりません。私は本書で、この「第1感」にさまざまな影響を与えるという幸福についての誤解をはっきりさせたいと思います。

心の働きの2つ目の仕組みについては、科学者が「システム2」と名づけ、私は**「理性」**と呼んでいますが、より意図的なものです。根拠や理性的な考え方に頼る際には、エネルギーや努力を奮い起こさねばなりません。時間をかけて、筋道を立ててじっくりと分析し、もしかしたら特別な指針や規則を用いることもあるでしょう。これこそ、みなさんにやってほしいと私が思うことであり、本書がきっとその役に立つはずです。

みなさん1人ひとりの問題に対して、私が直接相談に乗ることはできません。人はそれぞれ、決断を下し、自分なりの道をつくっていかなければならないのです。これまでの経験や、「社会的支援」をしてくれるネットワーク、自分の個性や目的、資質、特定の道や回り道といったものに頼ることは多かれ少なかれ、適切で、有益で、価値があるでしょう。

研究者によれば、「自分の個性や関心や価値観にふさわしい行動をとる人は、より満足し、より自信をもち、より成功し、自分がやっていることにより熱心になり、正しいことをしていると感じる」そうです。

本書の目的は、最新の科学的な研究結果を活用して、読者のみなさんの見解を広げることです。危機的な状況に直面したときにどうしたらいいのか、最初の「直感」を生み出す、幸福というものへの間違った思い込みを切り崩すことについて教えたいと思います。

また、みなさん自身の意見を生み出すのに役立ち、新たなスキルや心の習慣を育てるさまざまなツールを紹介します。「直感」に頼らない知恵を手に入れ、問題からうまく距離を置けるようになると、次に危機的な状況が訪れたときには心の準備ができているでしょう。

新しい理解力を得れば、誰もが充実した人生に向かって前進するためのステップを見極められ、幸福の可能性をさらに高められるのです。

PART I

「仕事」と「お金」にまつわる誤った神話

もしも、ある大学の非常勤職員として67歳になるまで週に40時間働いたとしたら、生涯で約10万時間働くことになり、起きている時間の4分の1を仕事に捧げたことになるでしょう。アメリカにおける人々の平均労働時間は1日あたり9時間半で、35パーセントの人が週末に働いており、31パーセントの人は1週間に50時間以上働いています。もちろん、「平均」という意味は、半数以上がもっと働いていることを指します（激務の場合もしばしばですが）。

仕事をしている人の大半は、それが自分のアイデンティティに不可欠な部分と見なし、勝ったという気持ちに満たされたり、逆に失望感でいっぱいになったりするものです。その仕事によってお金を手にし、お金によって生活を支えたり、楽しんだりできます。その一方で、稼ぎが少ないとか、バカな使い方をしてしまったと悩んだりするでしょう。

「世界中のどんなものでも、いますぐもらえるとしたら何がいいか？」と聞かれると、ほとんどの人は「もっとお金がほしい」と答える、という報告もあります。意外なことでもありませんが、「幸せ（理想の仕事を見つけること、成功して裕福になることなど）」や「不幸（あまりお金がないことなど）」は、「自分の仕事の内容や、何から収入を得るかにかかっている」という思い込みがあるのです。その思い込みが40年とか50年にわたって続くと、厄介で危機的な状況になる場合もあります。この後の3つの章では、こうした思い込み、つまり「仕事」や「お金」に関する「幸せの神話」について、その根拠が間違っていることを示し、危機的な状況を乗り越えて成功するための方法を紹介していきます。

誤った神話

01

理想の仕事に就けば、幸せになれる

あなたは自分の仕事に満足しているでしょうか？　それとも、もう耐えられなくなっているでしょうか？　もし不満だとしても、最近の調査によれば、かつてないほど多くのアメリカ人があなたと同じ経験をしています。

仕事に疲れきったり退屈したり、うんざりしたりしていませんか？　また、プロフェッショナルとして成功しようという気持ちがすっかりなくなってしまっているのでは？　さらに、仕事がかつて描いていたものとはもはや違うように思えて、自分の判断力やスキル、勤勉さ、モチベーションに疑問を抱くという、つらい状況に追い込まれている場合もあるでしょう。

この〈誤まった神話1〉の章で中心となるのは、このような重大な局面が生まれる理由について探ることです。つまり、「理想の仕事に就いたら、これまでは手に入らなかった幸福が実現するのでは」という思い込みについて掘り下げていきます。

まず、この神話に立ち向かうためには、「自分が仕事に不満をもつ本当の原因」「どの程度不満なのか」「どれくらい成功しているのか」ということを理解しなければなりません。その理解ができて初めて、最も健全な選択が可能になり、次のステップへ進む用意ができるのです。こうしたステップについて、ここで詳しく述べていきます。

◉仕事に対する「慣れ」が幸福感に与える影響

私がとくに科学的な関心を寄せているものの1つは、**「快楽順応」という分野です。つまり、「人間には、たいていの人生の変化に慣れてしまったり適応したりする、驚くほどの能力がある」という事実**についてです。今日の心理学や経済学の分野で熱く議論されているテーマは、「勝利の興奮」も「敗北の苦悩」も時が経つと薄れてしまう理由を、「快楽順応」で説明できるというものです。しかし、この現象でとりわけ興味をそそられるのは、**ポジティブな経験に関して「快楽順応」が最も目立つ、**ということです。

実際、人間は自分に起こったポジティブな出来事のすべてを「当たり前のこと」と見なす傾向があるのです。すばらしい景色を臨める新しい家に引っ越したとき、美容整形手術を受けたとき、かっこいい新車や新世代のスマートフォンを買ったとき、新しい趣味に熱中するとき、そして結婚したとき、状況が改善されたおかげで私たちはたちまち強い幸福感に包まれます。

しかし、このような興奮はごく短い間しか続きません。何日か、何週間か、あるいは何か月か経つうちに、期待度は上昇し、改善されたばかりの環境を「当然のもの」と見なすようになってしまいます。いわば、「幸福の停滞感」を抱くようになるのです。

フロイトが鋭く見抜いたように、仕事は精神の健康の推進力になります。さらに、仕事は対人関係と同様に人生の一面であり、「快楽順応」したり、「当然のもの」と見なしたりしがちなものです。すると仕事が楽しくはなくなり、ほかのことをやっているときのほうがはるかに幸せだという思いが募り、無感動で退屈な状況になり得るのです。

もちろん、もう1つの行動として、「新しいキャリアを求める」という方法もあるでしょう。あるいは、「退屈なのはどれくらい特殊な（そして問題のある）仕事のせいなのか？」を突き止め、「『快楽順応』の過程がどれくらい進み、どれくらい予測できそうか？」と考えることもできます。それは、現在の仕事だけではなく、次の仕事でも同じことが繰り返されそうだからです。

後者の方法をとるならば、「もはや仕事に満足できない」という気持ちを取り除き、その過程での「快楽順応」をストップさせるために、これまでに実証済みのさまざまな方法があります。思いきった決断を下す前に、こうした方法を試してみて、自分に合った方法かどうか、仕事の状況が修復不可能なものかどうかを判断しましょう。とくに仕事がもはやまったく充実していないと感じるときでも、希望はあることを知っておいてください。

私の同僚にしょっちゅう仕事を変えている人たちがいます。2、3年おきに家族を連れて全米をあちこち移動しているのです。彼らは新しい機会を得るたびに、心からワクワクしているように見えますし、職場やライフスタイルを新たに設計し直すことに、いそいそと飛び込んでいきます。

それから1年かそこら経つと、「2年目のジンクス」を経験する大学2年生のように、その同僚たちは必ず新しい上司や同僚、日々の通勤や日常業務に少し飽きたり、イライラしたり、もっともな不平を言い始めたりします。彼らは「この職場以外にもっといいところがあるのではないか」と少しずつ空想するようになります。もっと話がわかる上司がいる職場、もっと通勤が楽で、助けてくれる同僚がいる職場、もっと負担の少ない仕事があるのではないか、と。

もちろん、誰にでも定期的に仕事を変える選択肢があるわけではありません。実際は、転職できる人は幸運だと思いながら、仕事を変えることを夢見ているだけの人が多いでしょう。では、しょっちゅう職場から職場へとわたり歩く人は本当に幸運なのでしょうか？　彼らは新しいポジションを与えられるたびに本当にもっと幸せになるのでしょうか？　もしもそうだとしても、交友関係が絶たれたり、生まれ故郷や隣人から離れたり、慣れない学区に子どもを転校させたりといった代償を上回るプラスの面があるのでしょうか？

そして、誰もが自分の生活の「よい点」と「悪い点」のバランスをとらなければならないのですが、申し分なくまともな仕事に就いているのに、だめになってしまう人がいるのはなぜか？　それらに対して打つ手はあるのかどうかについての研究結果は大いに参考になり、役立つでしょう。

この課題に関しては、画期的な研究があります。高い地位にある管理職を5年間にわたって追い続け、同じ社内での昇進や、より魅力的な都市への転勤などについて、自分の意志で仕事を変える前と後の仕事の満足度を調べたものです。この管理職の大半は白人男性で、平均年齢は45歳、平均年収は13万5000ドルでした。彼らはそれまで順調に進んできました。

この研究結果によると、**「こうした管理職たちは、転職した直後のハネムーン期間ははち切れそうなほどの満足感を味わうが、満足感は1年もしないうちにどんどん減っていき、転職する前のレベルにまで戻ってしまう」**とのことでした。言い換えると、彼らは興奮の余韻を味わうような「残存効果」を経験したことになります。

対照的に、同じ5年の間、「職を変えない」ほうを選んだ管理職は仕事でどれくらいの満足感があるかを調べたところ、目につくほどの変化は見られませんでした。ですから、彼らが同じポジションにい続けて毎年毎年、その仕事によっていっそう幸せになることもなければ、いっそう不幸になることもないという経験をしている間、あちこちと移動している人たちは何度も急な浮き沈みを経験しているわけです。このいわゆる「残存効果」は、私たちが仕事に「快楽順応」することを説得力をもって証明してくれます。人間は、ほぼすべての仕事に適応しやすく、とりわけ変化のないものに適応します。

最近、私の教え子の1人から、こんな手紙をもらいました。彼女がサンフランシスコでの新しい仕事に最初に就いたときの経験を告白したものです。

私は湾が広がる光景にすっかり魅せられ、何枚も写真を撮りました。いまは私のオフィスの窓の外を通る2階建ての赤いバスを見るたび、乗っている誰もが争って写真を撮る様子に苦笑しています。この光景がすばらしいものだということは、やってくる人々がそう言っているので間違いない、とわかっています。

でも、私はすでに100パーセント、この景色に適応してしまいました。実を言えば、ここでの暮らしすべてに適応しきったので、私はもとの幸福度に戻ってしまっているのです。

私たちは住んでいる街に慣れ、お気に入りのアイスクリーム、大好きな芸術作品や歌にも慣れてしまいます。1つの目標に達したとき、人が満足するのはほんのひとときであって、そのうちもっと高い目標を達成しなければ満足できない、と感じるようになります。

このようにして、人間は絶えず期待や欲求をエスカレートさせていくのです。一般的に、これは悪いことではありません。進化とは、より多くのものを絶えず求めていくことに違いないのですから。もし、目標を達成した誰もが自己満足してそれに甘んじてしまえば、社会はあまり発展しないでしょう。

いつも現状に満足してしまう人は、もっと何かを達成しようと努力することはありません。もっと本を出版しようとか、語学をもっと学ぼうとか、もっと栄養がとれる新しい食物を見つけようとか、科学的な発見をさらにしようといった努力をしなくなるのです。最近の大成功に自己満足しきったままでいると、他者とうまく競争もできず、身のまわりの危険やチャンスに気づくことができないかもしれません。

仕事に飽きてしまうという過程と戦ったり、なかなか飽きないようにする方法を探る前に、まず**「適応するまでの間にどんなことが起きるのか？」「その理由は何か？」を学ぶことが大切です。**主な原因としては、時が経つにつれて「だんだん喜びを感じなくなること」と「野心がだんだん大きくなること」の２つがあげられるでしょう。

まわりからうらやましがられるような新しい地位で働き始めるとき、人は大きな幸福を感じ、陶酔感すら覚えるでしょう。新しい仕事について、その仕事のどこが好きなのかをしばしば考え、仕事によって、新しい人間関係や挑戦、学習や冒険などポジティブな出来事がいろいろと起こる結果、ポジティブな感情をたくさん経験します。

けれども、私が教えている大学院生の1人が言っていたように、「喜び」という、水たまりはしだいに水が減っていき、ついにはすっかり干上がってしまうものです。「新しい仕事を任された」という責任に興奮していたけれど、同じことを10回や12回経験すると、興奮はおさまってしまいます。私たちが仕事の目新しさにだんだん注目しなくなり、日々の数えきれないほどの厄介ごとや気晴らしに目を向けているうちに、これまで感じていた興奮や幸せ、誇りはだんだん感じられなくなります。

新しい地位にあまり喜びを得られなくなるだけでなく、別の重大な問題が起きてきます。それは**「期待感」の高まりです**。仕事から得られる喜びを「ありがたい」と思う現在の気持ちが、たとえば以前の気持ちと同じくらい強くても、実をいえば、このことによって幸福感が損なわれることになります。かつては特別なものであった仕事が、いまでは当然の権利だとか特典になってしまっています。仕事によって報酬が上がって大きな権力をもてるようになり、時間を管理できるようになったとしても、「それぐらい当然のことだ」と感じ始めるのです。

「目新しくて刺激的な仕事が普通のことで、単なる新しい人生の一部に過ぎない」と感じるようになり、いまが幸福であるはずなのに、さらなる幸福を求めるようになります。この新たな、そして、とても当たり前の進展が、不運な結果につながります。幸せが損なわれ、行動を開始する前の幸福感に戻るだけでなく、もっと賭け金をつり上げ、さらに多くを求めたくなります。そのため、たくさんのものを手に入れていると いう幸運に恵まれていても、いまあるものに決して満足できなくなるのです。

このように、人は仕事に対して簡単に、しかもすばやく慣れてしまいます。この点を知ってしまうと、転職を決意する前にちょっと考えたり、ためらったりせざるを得ないでしょう。しかし、「快楽順応」が当然のものであり、人間は進化的に適応するので、より甘い食べ物を切望したり、より性的な嫉妬を感じたり、より獰猛《どうもう》な獣を恐れたりするのと同様にそれを勝手に変えることはできないのです。

◉「過度の野心」は幸福にとって有害

何かを獲得すればするほど人はいっそう幸せになります。しかし、それと同時に、何かを手に入れれば入れるほど、何かを求めれば求めるほど、その幸福の価値は減少するのです。「過度の野心」は幸福にとって有害なのです。

好例をあげると、**より高い教育を身につけた人は、驚くほど人生への満足感が少ないものです。** たとえば、私がミシガン大学でＭＢＡを取得したことから得た友情、仕事上のつながり、名声によって、人生の満足度は高まりますが、強まっていく野心やそれに伴う失望、後悔のリスクのほうが大きいのです。「私はレベルの高い学校でＭＢＡを取得した。なのにウォール街で有利な地位に就けなかったのはなぜだろうか?」などと考えてしまうように。

現在の自分の仕事を「当たり前のもの」と見なさないようにするには、どうしたらいいのでしょうか? 最も効果的で、最も難しい方法の1つは、欲求を1段階下げて、期待値の上昇を抑えることです。これは、仕事への期待を減らしなさい、という意味ではありません。欲求をエスカレートさせ続け、「あれやこれや、もっと手に入れさえすれば幸せになれるのに……」と思う時点まで欲求を高めることをやめさえすればいいのです。

人が生まれつきもっている意欲を考えると、野心的な気持ちを捨てるためには、さまざまな心理学的なツールで目いっぱい武装しなければなりません。まず、私の提案を試してみてください。そのために、心理学的なツールを5つ提供します。それから、さまざまな方法で手直ししてください。いくつかのものを同時に修正する場合もあるでしょう。

(1) 具体的に再体験する

以前の仕事でいまよりも満足感が少なかったものを定期的に、しかも目に見える形で自分から思い出してみる。もし、前はもっと報酬が少なかったなら、ある程度の期間を決めて(たとえば、毎月のうち1週間)以前と同じだけの支出しかしないように、使うお金の額をおさえてみましょう。前は嫌な同僚がいたのであれば、たまには1人だけでランチをとってみてください。定期的に夜遅くまで残業していたなら、定期的にまた遅くまで仕事をして起きていましょう。

こんなふうに前の仕事の状態を再体験すれば、現在の仕事のよさがわかります。また、ただ思い出すだけで、あるいは心の中であまり運がよくなかった過去に自分がいるところを思い描くだけでも、いまの仕事からより喜びが得られるようになるはずです。

(2) 具体的に観察する

かつて私は「幸福」についての講演をするために、グーグル社のオフィスを訪れたことがあります。そして、「人間が、人生でのすばらしいものにいかにたやすく慣れてしまうか」について議論しました。

社員の1つのグループは社内を案内してくれ、「自分たちは仕事をとても愛しているが、グーグルですっかり甘やかされてしまい、ほかの会社では絶対に働けない気がする」と話してくれました。彼らは毎日、温かいランチや夕食を無料で提供され、おやつもたっぷりと与えられています。数々の作家がゲストとして訪れ、ドラムやギターを備えた部屋までありま す。ゲームやおもちゃもふんだんにあるのです。社員はペットを職場に連れてくることさえ許されています。

彼らの話によると、このような特典は仕事を始めたばかりの頃には、すばらしいものに思えたそうですが、まもなくこういうものに慣れ始め、「今日の料理もまた、クラブケーキかい！」と文句をつける人まで現われてきたそうです。私は彼らに「ほかの職場を観察する努力をすべきだ」と勧めました。「可能なら、自分の元のオフィスでもかまわない」と。

許可を取って友人や知人や元の同僚の職場を訪ね、自分の職場とこっそり比べてみるのも手です。そのように観察することによって、自分の職場のよい印象が長続きするようになり、自分の仕事人生が恵まれている、と感じるようになるでしょう。

(3) 心から感謝する

感謝の日記を紙に書いたり、またはスマートフォンで記録することは、自分の仕事のポジティブな面について定期的に考えるために役立ちます。

高過ぎる期待ほど感謝を減らすものはありません。期待が高ければ高いほど、感じる感謝の度合いは低くなるでしょう。たとえば、明日は午後5時に帰ろうと思っていて、その通りになったとしても、あまりありがたいとは思わないはずです。

「感謝する」ことの大切さは〈誤った神話4〉の章で詳しく述べますが、ポジティブな状況に感謝すれば、その状況に順応しにくくなるのです。「感謝する」ことを実践するうえでの問題点は、感謝の気持ちを持ち続け、心の底から「感謝する」のがとても難しいということです。厳しいフィットネスのプログラムや健康的なダイエット、自ら進んで楽器を毎日練習し続けることが非常に難しいのと同じです。努力と献身がカギになります。この2つは誰もが持ち合わせているものです。

(4) 基準点を変える

「夢の仕事」について考えるとき、あなたは何を基準にしていますか？ 多くの人にとって、それは報酬が多くて、ストレスが少なく、より楽で、より充実した仕事ではないでしょうか。おそらく、高校時代の友だちがいまやっている仕事とか、読んだ雑誌の記事に載っていたとか、映画で観た、という仕事かもしれません。実際には存在しそうにない夢の仕事という場合もあります。

もしプロのフットボール選手、映画監督、議員、刑事、神経外科医、海洋生物学者になることを夢見ているのなら、そのようにすばらしく思える仕事にさえ、ストレスの多い時期や単調さ、不愉快な同僚、報われない業務、腹の立つ結果、長い通勤時間といった側面があることを見落としているかもしれません。

たとえば、「すばらしい夢の仕事」という調査の上位20以内に入っているテレビゲームのテストプレイヤーの仕事は、長時間の集中力が必要とされます。その結果、ストレスも疲労も多いのです。実際にこのようなテストプレイヤーの1人がテレビゲームの開発に携わった初日に、「最後の2時間、私は吐き気がしました。本当にひどいものでした」と語ってくれました。

私が言いたいのは、「夢の仕事」を基準点にするのはいかがなものか、ということです。基準とするのをもっと適切な仕事、あるいは感謝の気持ちをもてるような仕事に変えてみてください。たとえば、かつて応募した仕事に似てはいるけれども、もっと報酬の少ない仕事や、昇進前の仕事、近くの学校や病院やショッピングセンターや農場、工場、オフィスでのいままでとはまったく異なった仕事に。そして、別のタイプの仕事や、状況を思い浮かべる能力をトレーニングするためにも、ときどきあなたの基準点を変えることは重要です。

(5) 今日という日を、仕事での「最後の」日だと思う

最近、私は1か月間にわたる「幸福介入」（幸福度を高めるための意図的な実験）を行なっています。それに参加する人たちは1か月間、「これが自分の最後の1か月だと思うようにして過ごしなさい」と指示されます。これは致命的な病気を患っているフリをしなさいというのではありません。できるだけ想像力をふくらませて、しかも正確に、自分が仕事や学校、友人、家族から無期限で離れて遠いところへ行くのだと思い浮かべてみるのです。

以前の研究でこの方法を用いたところ、「あきらめる準備ができたものについては、心の底から感謝するようになること」がわかりました。グーグルの社員たちだとしたら、クラブケーキや知的な刺激、デスクの下でペットが飼えることに、あらためて感謝したかもしれません。思いやりのある経営者とか、海外出張の機会などに感謝するかもしれないでしょう。

「期待感」を抑制する最も効果的な方法

もうお気づきかもしれませんが、ここまであげたいろいろなテクニックの多くは、現在の仕事に対して感謝の気持ちを高めるためのものです。これは偶然にそうなったわけではありません。というのも、**「感謝すること」は、期待感を抑制するのに最も効果的な方法の1つだからです。「自分のキャリアに心から感謝すること」は「満足感のレベルを上げ続けようと夢中になること」とは両立しません。**

かつてある会議で、私のところにきて話をしてくれたインドの学生がいました。彼女は「お見合い結婚をした両親がどうしてうまくいったのか？」と、いつも不思議に思っていたそうです。そのことについて彼女が両親に尋ねると、「私たちが夫婦円満である秘訣は、少なくとも最初の何年かはまったく期待しなかったことだよ！」と言いました。「だから……」と、彼女の父親は言いました。「妻が何かすばらしいことをしたとき、またはよいことや、ありふれたことをしたときでも私は幸せだったんだ」と。

「期待感」をどのように制限していたのかという意味で、この夫婦の話は本当に注目に値するものでした。これを実現するにはある種の才能か、少なくとも大変な努力が必要でしょう。でも、ここにあげた夫婦が「期待感」をゼロの状態に保てるのなら、私たちも自分の「期待感」を少なくとも抑えるぐらいはできるだろう、という教訓になります。

とはいえ、まだ小さな障害物が残っています。多くの研究結果が示しているように、「人間の行動の領域では、高い目標や高い期待感をもつことが重要だ」というものです。もし、仕事の面接や初デートのとき、うまくやろうという目標や期待をもてば、成功する確率がもっと高まるでしょう。野心的な目標は自信を育て、より大きな努力を煽り、不安と戦い、自己達成的な予言をつくり上げます。だったら、このような「発見」と「願望をいっそう低くするように」という勧めと、どうバランスをとればいいのでしょうか？

その答えは2つあります。1つは、**自分のこれまでの生活を考え直すこと**。2つ目は、**「問題となっている領域はどこか」を考えること**です。

1つ目に関してですが、これまで仕事から仕事へとわたり歩いて（または1つの人間関係から別の人間関係へ、1つの家から別の家へとわたり歩いて）きたとしたら？　もし、自分の立場が本当に満足できないものだったり、進歩のないものだったりしたら、別の方向を目指したり、もっと高いものを目指したりするための努力は価値があります。しかし、そうはいっても、たいていの人の基準では申し分なくよい仕事に就いているのに、期待感が現実とバランスがとれないほど大きくなると、つかの間の喜び以外のすべてが奪われてしまいます。

2つ目ですが、「仕事についての願望のレベルを下げなさい」と助言する際には、「この仕事は自分にとって十分によいものだろうか？　それとも、もっといいものを求めてもかまわないだろうか？」と、キャリアや地位や仕事生活全般について確認してもらいます。「明日、パワーポイントを使うプレゼンテーションに自信をもっていいだろうか？」というような、特定の職務についてではありません。もちろん、仕事での自分の成果や具体的な達成については、人はいつも高い目標をもつべきですから。

◉疲れて無気力で集中しにくい「ウルトラディアン・ディップ」を克服しよう

2010年8月9日、ジェットブルー・エアウェイズのジェット機がペンシルバニア州のピッツバーグから飛んで、ニューヨークのジョン・F・ケネディ空港に到着しました。同機が滑走路を移動しているとき、乗客と客室乗務員との間に口論が起きました。客室乗務員のスティーヴン・スレイターはどうやらこれ以上我慢できないと思ったらしく、インターコムを通じて乗客たちに「クソ食らえ！」などといくつか冒涜《ぼうとく》的な言葉を言った後、飲み物専用カートから「ブルームーン」ビールを2本つかみ取り、「出ていってやる！」と、緊急脱出スライドを操作して滑り降りました。これが一般に知られていることです。

スレイターは、緊急脱出スライドを無謀に操作したことで滑走路にいた人たちを危険にさらしたとして、航空会社に1万ドルの罰金を払いました。しかし、彼はたちまち労働者階級のヒーローとなりました。自分も上司に「仕事をまじめにやれ」などと言ってやりたいと願う、どこにでもいる不満な社員たちの心をとらえたのです。

とはいえ、誰もが自分の仕事に常に不満を抱いているわけではありません。しかし、いらだちや激怒といったものを定期的に経験している場合が多いのです。職場から去りたくてたまらないとか、緊急脱出スライドを滑り降りたりしたいときなど、**「最悪の時期が90分ごとに起こっている」**と知ったら、驚くでしょうか？　この事実を理解したなら、このようなことは起きるものだとしてタイミングを予測し、それを阻止するのです。

「サーカディアン・リズム」というものを聞いたことがある人は少なからずいると思います。（就寝時間が近づいたときや、夜の間など）人が眠気を感じるときや、目が覚めたときや昼間の覚醒しているときを調整する日常のサイクルのことです。「サーカディアン」という言葉の意味は「おおよその1日」です。つまり、「サーカディアン・リズム」は24時間に一度、発生します。「サーカディアン・リズム」は、いわば私たちの体の中にある体内時計、すなわち光の明暗を感じとるものなのです。

けれども、もう1つの体のサイクルの「超日（ウルトラディアン）・リズム」について聞いたことがある人はあまりいないでしょう。眠っている間、人間には90分〜120分の間での「ウルトラディアン・リズム」の周期が働いています。さらに、目を覚ましているときも同様に、この90分〜120分のサイクルを経験しているのです。

この事実から、朝起きて約1時間半〜2時間後、人はとりわけ活気にあふれ、集中できることになります。そして、その合間には約20分間、疲れて無気力で集中しにくい期間が訪れます。これが「ウルトラディアン・ディップ」です。

ビジネス関連の権威たちは、この考え方を抜け目なく取り上げて、管理職やリーダーのコーチングの際に実際的なアドバイスになるものとして利用しています。すべての従業員は自分の「ウルトラディアン・ディップ」を心得るべきだ、というのです。「仕事に集中しづらい20分間がきたな」と感じたら、効率が悪かったり、ミスをしがちなので無理に作業を進めずに、チョコレートバーを食べたりして休憩をとるべきです。たとえば、最も効果があるとされている20分間の仮眠をとったり、散歩したり、瞑想したり、音楽を聴いたり、小説の1章ぶんを読んだり、同僚と雑談をしたりするといいでしょう。ただし、仕事の話はだめです。

ニュージャージー州にあるワコビア銀行の12の支店に勤務する行員の行動を調べた研究結果があります。ここにあげたような方法で「エネルギーを再補給しなさい、と勧められた行員が仕事により没頭し、満足感も高まったこと」が報告されています。また「彼らは、顧客との人間関係が向上し、対照グループに比べてローンの獲得率が13パーセント多く、預金からの利益が20パーセント多かった」というのです。

もちろん、「不満」や「いらだち」という感情自体は問題視すべき症状でない、といっているわけではありません。ただし、そうした「不満」や「いらだち」を過剰に解釈しないように気をつけるべきだ、ということです。「ウルトラディアン・ディップ」は1日を通じて何度も起きるものです。その期間に人の体は最もエネルギーが高まった状態から低い状態へと変わり、最も悲観的な考えが浮かびがちな無気力の谷間が現われやすいのです。

次のことを忘れないでください。それは、**あわてて決断を下す前に、リラックスしたり、気分転換の休憩をとったりして「ウルトラディアン・ディップ」を無力化させることです。**もし、悲観的な考えが繰り返して浮かぶようなら、「ウルトラディアン・ディップ」の対処法を真剣に考えるときかもしれません。

◉「人生」という名のフィルムを編集しよう

仕事が「もはや満足できないものだ」と感じる日はいつかくるかもしれません。そのような場合、あまりにもその感情が強過ぎて、ほかのものが見えなくなってしまう可能性があります。過去に仕事に感じたすばらしさも、未来への成長する可能性も、「満足できない」という感情の強さや生々しさで色褪せてしまうのです。そうならないためには、次の行動や決断をする前に、一歩下がって過去の経験や未来の可能性を公平に見直さねばなりません。

「過去」をコントロールする

スーパーマン役として多くの人に知られている俳優のクリストファー・リーヴが亡くなる5年前に出版した回想録があります。彼は乗馬の事故で四肢が麻痺してしまいました。回想録にはこんな記述があります。

「しばらくして、私は映画のフィルムと、実際の人生では巻き戻し方が違うことがわかった。このことは、いまに至るまで私の助けとなっている。映画のフィルムと違い、実際の自分の人生のさまざまな出来事の解釈は、私自身が変えることができるのだ」

これは核心を突いた洞察でしょう。**私たちの過去は真っ白な石板でもないし、状況や経験や出来事によって固定化されたものでもないことを暗示しています。人は、自分の過去をある程度コントロールできるのです。**なぜなら、どの経験を強調して、どの経験を小さく見積もるのか、どの経験を覚えておき、どの経験を忘れるか、どの状況をはっきりと記憶し、どの状況をぼんやりとさせたり、ゆがめたりするのかをコントロールしているからです。

たとえば、もしあなたが仕事で8年間のキャリアがあるとしたら、それは無駄で、不毛で、報われることのないつらいものだったと本気で思っていますか？ もしも答えが「YES」なら、この見解を裏づけるためにこれまでの仕事から証拠を集めようとして、かなり見方をゆがめたり、努力したりしているのではないでしょうか。客観的な見方をする観察者だったら、まったく違う結論に達するのではないでしょうか。

自分の仕事の経験について、「悲観的な視点」と「楽観的な視点」の両方からのさまざまな根拠を書き出してみると、どの事実に光を当て、どの見解をはっきりさせるかがわかるので、役立ちます。

「未来」を新しい目で見つめる

「過去をどのように見るか、どのように味わうか」と同様に、「自分の未来をどのように見るか」ということもかなりコントロールできるのです。その理由は明らかでしょう。未来はまだ訪れていないので、可能性やチャンス、探られていない展望がいっぱいだからです。

残念ながら現在の仕事に対して、ワクワクする展望を描く代わりに、多くの人は山ほどの障害物を見てしまいます。そして、障害物を直視するよりも、逃亡の妄想にふけるほうがはるかに楽でしょうし、もっと楽しいかもしれません。そうすれば現在では足りないあらゆるプラスの面を備えていて、当然ながらマイナスの面はまったくない、夢の仕事を思い描けるのですから。仕事を辞めてそのような夢の仕事を見つけようとする前に、「現在の仕事にどんなことが起こりそうか」を改めて考え、予想してみることが大切です。

たとえば、認知療法士がうつの患者に指導するのと同じように、「うちのマネジャーは私に難癖をつけるんだ」というネガティブな考えに対して、「先週、課のみんなの前で私の仕事を褒めてくれた」などの証拠を見つけ出して戦えば、悲観的な予測に反論したり、考え直すことができるようになるでしょう。

これは「すべてがずっとバラ色だと自分に信じ込ませるべきだ」と言っているわけではありません。ポジティブな未来の考え方とは、自分に次のように言い聞かせることなのです。

「このプロジェクトは大変なものになりそうだが、ぼくは乗り切れるぞ」とか、「私の過去の業績はずっとパッとしなかったけれど、もうすぐ大きな挑戦をするときがくるわ」と。要するに、**仕事でのストレスにさらされた期間や退屈な期間を、長期にわたって広範囲な影響を与えるものと見なすのではなく、一時的で限りがあるものだと解釈できるように自分をトレーニングすることです。**

この新しい見方によって、現在の自分の仕事が本当にどれほどみじめなものなのか、あるいは道理の通ったものなのかが、はっきりするでしょう。

◉自分の「最優先事項」や「目標」「基準点」を見直そう

ある人には壮大な野心があり、懸命に働きました。よいこともたくさんしました。努力して業績も上げ、時には幸運にも恵まれたのに、ある日、ハッと気づくのです。自分の成功は頭打ちになってしまって、もはや勢いがない、と。

そして自分よりもはるかに先を行く友人や、友人の友人や、元の同僚に会い、取り残された気分になります。自分のキャリアは可もなく不可もないのに、彼らはビジネスで大成功するのを楽しみ、2軒目の（あるいは3軒目の）家を買い、テレビに出演し、授賞式で有名人として扱われているのです。

いったい、自分は何を間違えてしまったのか？　なぜ、才能が認められないのか？　もし、そのような疑問をくよくよと考えている自分に気づいたら、一歩下がって、自分の「最優先事項」や「目標」「基準点」を見直してみましょう。

仕事が「もはや充実したものではない」と感じるのと同じように、この岐路でも「私が幸せになれるのは、○○で成功したとき」という幸せについての誤った思い込みに縛られているのです。そのため、「不満」という見当はずれな感情をつくり上げてしまう可能性があります。「仕事の夢を達成できなかった」という気持ちに対して、新たな助言が必要です。

◉「他人と比較すること」をやめよう

次にあげる提案は、自分の業績をもっと現実的に、そして寛大に評価して、このようなしつこい疑問がそもそも起きないようにするのに役立ちます。

たいていの場合、自分を他人と比べないことは不可能でしょう。友人の家で食事をごちそうになったり、「近頃はどうしているかな？」と隣人や配偶者に尋ねたり、テレビをつけたりすれば、必ず他人の成功や悲劇、意見やライフスタイルや性格、結婚についての情報がどっと押し寄せてきます。そして可能性を浪費しているだけの自分よりも、何倍も成功しているように見える人々と出会います。自分を苦しめるためにのみ、彼らのキャリアが存在しているように思えてならない人たちです。
「社会的比較」、つまり「他人と比較すること」は自然に、そしてひとりでに、いともたやすく行なわれます。当然のことながら、**「人と比べること」は自己評価に大きな影響を与えるだけでなく、気分や幸せにもかなりの影響を及ぼすこと**が研究から明らかになっています。実際、自分が力不足だと思ったり、不満に感じたりするのは、主に「他人との比較」に原因があります。

多くの人にとって、「何かが欠けている」と感じたり、「高い基準に従って行動していない」と思ったりするのは、それが事実であれ、ただ想像しているだけのものであれ、他人の成功を目にしていることが原因です。私たちは自分に「私のキャリアや能力、収入は自分の欲求にかなっているだろうか？」と尋ねる代わりに、「隣人と比べて、私のキャリアや、生産力、収入はどれくらいか？」と尋ねます。個人としてだんだん豊かになっていくのではなく、他人と比べての相対的な貧困がどんどん明らかになっていくように感じてしまうのです。

それでも、あらゆる比較にただ目をつぶったり、他人にまったく注意を向けなかったりすることはできません。この事実を頭に置きながら、私は大学院の3年目に、「私たちがしている比較についてどんなことができるか」という調査を始めました。

私はいくつも研究を行ないました。その1つとして、「同僚との不愉快な比較による苦痛を振り払える人は、そうでない人よりも一般的には本当にもっと幸せなのか、幸せな生活を送っているのか」を調べました。たとえばある実験では、実験の協力者を一度に2人ずつ連れてきて、指人形を2つ（アメコミのキャラクター、チップマンクスとオッター）使って、小学校1年生の子どもたちに「友情」について教えているところを想像して演じてもらいました。2人の協力者は交互にスクリーンの前で演じ、その間、評価をつけられ、ビデオで撮られていることになっていました。

演じ終わると、私たちは協力者たちをちょっとだまして、「誰もあまりうまく演じられなかった」と思わせることにしました（つまり、彼らは審査員から7点中、平均2点しかもらえなかったのです）。また、「1番目の協力者よりも、2番目の協力者のほうが点数が悪い」と信じ込ませました（たった1点という残念な得点しかもらえませんでした）。対照的に、2番目の協力者のグループには、「とてもうまく演じた（平均して6点～7点をもらえました）」と信じ込ませました。さらに、「ほかの協力者はもっとよい点を取った（7点というすばらしい点を獲得したことにしました）」と思わせました。そして、何人かの協力者には、指人形での演技を別の協力者なしで1人だけでやらせてみました。そしてほかの協力者がどんな演技をしたかを知らせずに、「すばらしい」、または「よくなかった」というフィードバックを与えたのでした。

その研究から何年か経ちましたが、私は相変わらずその結果に驚きを覚えています。データを分析するために、演技をする前に「とても幸福だ」といった人たちと、「信じられないくらい不幸だ」といった人たちの2つのグループを選び出しました。「とても幸福だ」といった協力者の演技の前と後のデータを調べてみると、「演技が全然よくなかった」と評価された人たちは実験が終わった後、前よりもさらにポジティブでなくなり、自信をなくし、いっそう悲しくなったことがわかりました。「失敗した」と思わされた彼らの反応はとても自然なもので、少しも驚くようなことではありません。対照的に、自分が「とてもうまく演じた」と思わせられた（7点満点中6点を取った）、「とても幸福だ」といった協力者は実験後、あらゆる点で気分が前よりもよかったのです。

そして注目すべきは、**誰かが自分よりもうまく演じたとわかっても、自分が成功したと思わせられた人の喜びは減らなかったことです。**けれども、「不幸だ」といった協力者たちの結果は劇的でした。彼らの反応は自分自身へのフィードバックによるものよりも、一緒に参加した協力者たちからの感想に左右されているように思われました。

実際、この実験は不幸な人々の荒涼とした極めて不愉快な人物像を描き出しています。「最も不幸な協力者は、優れた評価を受けていても、ほかの協力者はもっと評価が高いと聞かされたときよりも、低い評価を受けたが、ほかの協力者のほうがもっと評価が低いと聞かされたときのほうがより幸せで、より安心感を覚える」と報告しました。

どうやら不幸な人々は、作家のゴア・ヴィダルの皮肉な金言に共感したように思われます。

「真の幸福を得るには、成功だけでは十分ではない……友人の敗北が欠かせないのである」

　この研究から私が導き出した結論は、同じテーマについて行なった半ダースもの別の実験と同様でした。つまり、**「私はどれくらい優れているか、成功しているか、賢いか、優しいか、裕福か？」と自問するとき、自分自身の内面にある客観的な基準がある人は、一般的に最も幸福だ**というものです。

　対照的に、自己評価の基準を「他人との比較」に置いている人は、不幸な人々です。それはあまり賢明ではありません。考えてみてください。他人の成功や業績、勝利などの結果、陰気な気持ちになったり意気消沈したりする。他人の失敗や破滅を目の当たりにすると、がっかりしたり同情したりせずに、安堵《あんど》するというのは、幸福になることにとってよい方法とはいえないからです。

「社会的比較」という習慣は、人生の早い時期に始まります。私たちは子どもの頃、よい行動はたいていの場合、相対的に測られるものだ、ということを学びます。お行儀のよさを兄弟と比べられ、才能をクラスメートと比べられ、両親が子どもの頃にもらったＡの数やトロフィーの数についてまで比べられることが多くあります。

　その結果、私たちは「他人に対して負けないように」と教えられてきました。そして「できれば、自分のほうが優れた存在になるように」と。こうして早い時期に訓練されたせいで、「社会的比較」を避けられないのは、当然のことなのです。

もし「自分は成功していない」という結論を出したとしましょう。その結論は、自分自身の目標を基準にしたものですか？　それとも、他人に設定された何らかの規範や基準にもとづいたものでしょうか？　過去の成功や成功しなかったことが、まわりの人間の考えに左右されたと感じていますか？

もし、答えが「ＹＥＳ」なら、私は研究にもとづいた提案をします。できるならば、妬《ねた》みのこもったそんな「社会的比較」を無視するように努力すべきです。たとえば、自分が「社会的比較」をしているとわかったときは、「ＳＴＯＰ！」と自分に大声で呼びかけるか、いまやっていることからすぐさま注意をそらすのです。

目をそむけることができない場合は「他人の不幸から喜びを引き出すこと」よりは、「他人の業績から喜びを引き出すこと」を経験するように努力するべきです。何の無理もなく、貧しいとも思わず、誰かがある分野で自分よりも優れていると気づいたことによる不安感もないとき、平均的な人よりも、いっそう成熟している。つまり、より幸福になっているのです。

◉「幸福」を追い求めることの「幸福」

人生で、これまでに獲得したかったものが手に入っていないことがあるとしたら、根拠なしに案じているわけではないでしょう。もし、そうだとしたら、優先すべきなのは現在の状況を修正することです。「自分が情熱をもっているものが何か？」を見極め、それを追求するための行動を起こしてください。

古くて典型的なものから、時代の最先端をいくものまでたくさんの研究結果が提案しているのは、自分自身を鼓舞して、意義のある目標を見つけ、それに向かって努力する、という最も望ましい方法です。人生にこうした事柄を生かせれば、もっと幸福になり、もっと成功する可能性が高まるでしょう。けれども、「自分の夢が何か」をわかったからといって、必ずしも幸福になれるわけではないことも、いつも頭に置いておかねばなりません。これから説明しますが、努力することが大切です。

科学者たちが「目標の追求」について研究するとき、人が日々の生活で取り組んでいるさまざまなプロジェクトや企画、計画、試み、冒険、使命、野心を調べることが欠かせません。仕事に関して、非常に多くの研究結果から示されているのは、**目標に向かってただ努力しているだけで、必ずしも目標を達成できなくても、人はより幸福になる**、ということです。とくに、仕事や趣味についての目標が心からのもので、物質的な価値ではなく文化的な価値や本物としての価値があり、人生のほかの面にネガティブな影響を与えないものならなおさらです。

これに関して、研究結果から皮肉な結果が出ています。この章の中心の課題である危機的な状況は、自分がまだ夢をかなえていないことについての苦悩に関係があります。実験の結果からわかったのは、**目標を追求すれば幸せになれるかどうかは、その過程を楽しめるかどうかであって、最終目標（夢）の達成ではない**、ということです。

もちろん、この発見は、目標を達成することが究極の基準だという、多くの人の強力な信念や直感と矛盾しています。実際、これは「幸福の神話」の最たるもの、つまり、自分の夢を実現するまでは幸せになれない、という考えを否定するものです。けれども、とうとうブロードウェイの舞台で役をもらえたとか、昇進したとか、賞をもらえたとかいったとき、すぐに興奮を覚えるでしょうが、そんなワクワクした気持ちの後には飽き飽きしたという気持ちや、もっと大きなものを期待するようになるとか、失望さえ覚えるといった状態が続きます。

経済学者で『ニューヨーク・タイムズ』紙のコラムニストでもあるポール・クルーグマンが、長い間待ち望んできたノーベル賞を受賞した後の話にこんなものがあります。クルーグマンの妻のロビンは最初の興奮がいったん覚めると、こう言いました。「ポール、賞なんかもらっている暇はないでしょう」。

対照的に、目標を達成しようと努力を楽しんでいるときは、そのような目標を追求して取り組んでいるだけで喜びや満足感を得られます。スキルを理想的に磨き、新しい機会を発見し、成長し、努力し、学び、より有能になって熟達していくのです。

自ら選んだ仕事の分野であろうと趣味の分野であろうと、だんだん身についていく知識や専門的技術のおかげで、物事の理解や喜びの機会がしだいに増えていくでしょう。挑戦したいとか、可能性を最大限に引き出したいといった、生まれながらの欲求も満たされます。

そして、目標を追求すること自体が、日々の暮らしを形づくり、意義を与えます。義務感が生じ、締め切りを設定したり、スケジュール表をつくったりすることになるだけでなく、新しいスキルを身につけ、人と交流する機会も生まれるでしょう。**人は、目標を追求する過程で人生における目的を感じ取り、自分が進歩していると感じ、時間をうまく使えるようになります。**こうしたことすべてのおかげで、幸せになれるのです。

そして、いったん取り組んでいることの中で一歩進めたら（実務研修を終えた、記事を1つ書いたなど）、その達成した段階や「サブ目標」の達成を存分に味わい（ちょっと感動したり、自尊心をくすぐられたりしてもかまいません）、そこから新しい目標に向かって進んでいきましょう。

10億ドルの価値がある質問

マルコム・グラッドウェル（『ティッピング・ポイント――いかにして「小さな変化」が「大きな変化」を生み出すか』の著者。高橋啓訳、飛鳥新社、2000年）からディーン・シモントン（カリフォルニア大学デービス校の創造的な学者）に至るまで、さまざまな作家や研究者が、「人は何によって成功するのか」という問題を探ってきました。それは生まれつきの知力によって決まるのでしょうか？　それとも、たゆまぬ努力によって？　勤勉な人が成功するのでしょうか？ それとも、才能がある人？

多くの人がたどり着いたのは、「勤勉さ」という結論でした。すなわち、真の専門家になるとか、どの分野であろうと、成功したいと思うなら、およそ1万時間を費やして特別な努力をするか、計画的な練習をしなければいけないということです。バイオリンを弾くことでも、小説を書くことでも、野球のピッチング、脳外科手術でも同じです。

こうした議論を、私はとても興味深くて説得力のあるものだと思いましたが、そこには大事な要素が1つ欠けているといつも考えています。その要素とは、まさに10億ドルの価値がある質問です。それは**「人はどうやって、1万時間も努力をしようという気になるのだろうか？」**ということです。1日に5時間、バイオリンの練習をしようという熱意や動機はどこから生まれるのでしょうか？

もしも、その答えが生まれつきの性格だとか、厳格な両親や配偶者、トレーナーがいたせいだとしたら、多少なりともすばらしいと思われるものを手にしたいという多くの人の願いは無意味になってしまうでしょう。しかし、研究結果からはこんな悲観的な結論は生まれていません。いまでは、人が必要とする熱意や動機について多くのことがわかっています。仕事がもともと自分にとって興味深くて楽しいものだからとか、あるいは、努力することによって最も重要な自分の価値が伝えられるからという理由で取り組むのであればいい、**大事なのは動機そのものだ**ということです。

自分のためにキャリアを追求し始めるとき、懸命に集中し、取り組み、フロー状態になることも、好奇心を覚えることもあるでしょう。そして、粘り強く取り組むでしょう。でも、どうすればそのように精神を備えたり、動機づけたりできるのでしょうか？　それには、そもそもの始めからスタートしなければなりません。つまり、最も重要な点は、**最初に選択したのは何なのか、自分が心から求めているのは何か**ということです。まだ、自分の野心や夢が明確でないなら、次の質問に答えてみてください。

・あなたの目標（たとえば、自分のビジネスを始めることなど）は達成できる目標ですか？
・その目標は誰のものですか？　あなたの目標ですか？　それともほかの人の目標ですか？
・その目標は家族と過ごす時間を増やす、世界中を旅するなど、長年抱いてきたほかの計画とは対立するものですか？
・その目標を追求したり、そんな野心を空想したりするとき、あなたは心から「自分らしい」と感じますか？
・目標を追求する中で、自分が成長したり、長続きする人間関係を育てたりできると思いますか？
・そこそこの報酬しかもらえないとしても、その目標を追求したいですか？

ここにあげた質問のすべてに、いつも「ＹＥＳ」という必要はありません。私は自分の仕事に情熱をもっていますが、それでも家族との時間や余暇にあまりにも食い込んだり、打ち込み過ぎたときはいらだつこともあります。でも、ここにあげた質問の答えのうち、少なくとも2つが明らかに「ＮＯ」だったら、本当に内在する動機を望むのは、不可能ではないとしても非常に困難でしょう。

そのような場合、最優先事項や目標を変えたくなるはずです。たとえば、目標を銀行の経営から非営利団体の経営に、教師から作家に、または作家から教師に変えるなど。あるいは仕事を見直すことも、場合によっては可能でしょう。仕事の裏には自分でも考えたことのなかった気高い目的があるのかもしれません。もしかしたら、これまで気づかなかったけれど、執筆することや、人前で話すこと、人脈の構築、組織づくりなど現在の地位のために使える才能があることも考えられます。

最後に、あなたの仕事には「何かを繰り返しする期間」と「活気のない期間」とがあるとしたら、その期間を有効に生かして成長できることもお伝えします。多くの仕事には、何かが起きるのを待っているだけという時間があります。デパートの店員は次のセール期間まで暇かもしれませんし、タクシーの運転手は次のお客さんが乗るまで待っているでしょう。そのような時間を利用して学び、成長するのです。

たとえば、こんな報告があります。「長距離トラックの運転手、データ入力をする事務員、オヒョウを捕る漁師は、仕事をしている時間に実存哲学や世界の古典や理論物理学といった世界中の大学の講義をポッドキャストで聴いているときのほうが新しいアイデアが浮かんだり、1日を楽しく過ごせたりしている」と。ほかの研究結果からも、「いったん目標を選んだり見直したりして、それが個人的に意味のある、本能的な欲求を満足させてくれる、抵抗しきれないものになると、自分の義務や衝動を維持する方法を見つけられる」ことがわかっています。それは次の3つです。

1つ目は、**「何かを達成しよう」という決意を口に出して言うと、成功する場合が多い**ということです。

2つ目は、**追求しているものの価値を最も近くにいる人にわかってもらえるように、懸命に努力すべきだ**ということです。そのために身近な人の助けやアドバイスを得て、育てる努力をすべきでしょう。パートナーや親友が夢を応援してくれるだけでなく、自分がすでに専門知識や権威や達成感をもち、求めていた称号を手にしているかのように刺激してくれたら、モチベーションを維持しやすくなります。

3つ目は、心理学者のアブラハム・マズローが勧めたように、**安全を飛び越えた成長を選ぶ**ことです。つまり、よく知られているからとか、快適だからとか、おなじみだからなどの理由で行動を選ぶのではなく、冒す価値のありそうなリスクを選びなさい、ということです。

手に入れにくい夢や、まだ達成できないせいで悩んでいるものについて考えてみてください。「リスクを冒すことで大きな利益がありそうかどうか？」と自問しましょう。そして、ノートに2つの列を書いてください。1つの列には「得られる利益」を書き出し、もう1つの列には「損失になりそうなもの」を書きます。答えをはっきりさせるのにきっと役立つでしょう。

チャンスに備えるために

仮に、「完璧な仕事を獲得できれば、生涯にわたる幸福がもたらされる」と私たちが信じて暮らしているとします。だとしたら、いったんそんな仕事を手にしても、その結果生まれた幸福感がそれほど大きくなかったり、想像していたほど長続きするものではなかったりすると、かなり悩むでしょう。言い換えると、このような「幸福の神話」の根源には、間違った思い込みがあるのです。つまり、現在の自分が幸せでないとしても、自分の会社に最高のパートナーを迎えられたら、プロジェクトをやり遂げられたら、画廊で個展を開けたら、自分の店がもてたら、幸せになるに違いないなどという誤解です。

完璧だと思えた仕事を獲得しても、思ったほど幸せではないとか、幸せがつかの間のものだとかわかったとき、人は問題に直面します。このありがたくもない経験を説明するものは、「快楽順応」という、変えることのできないプロセスです。したがって、重要な最初のステップは、「人は、誰でも新しい仕事や冒険の目新しさ、興奮、挑戦にだんだんと慣れてしまうと理解すること」です。

2番目のステップは、「自分の仕事に飽きるスピードを遅らせたり、飽きないようにするために、あらかじめとれそうな行動を理解すること」です。そのための方法をできるだけ早く実践してみてください。もし、そのような努力が結局のところ役に立たなかったり、仕事が自分の基準に達しないものだったり、自分の好みや能力にまったく合わないものだったりしたら、「転職しよう」という判断にもっと自信をもってもかまいません。きちんと心の準備ができていれば大丈夫です。つまり、転職の決心が、筋の通った分析や努力にもとづいたものであり、感情に任せた本能的なものでないならいい、ということです。

あるいは、強い不満を抱いているとしたら、願っていたほどの仕事がいまはできていないせいかもしれません。けれども、この章で伝えたいのは、もしも成功を求め、自分の幸福は仕事の成功にかかっていると考えるのであれば、現在の幸せは制限され、未来の幸せを失いかねないということです。その理由はおびただしい数の研究から明らかになっています。

幸いにも（不幸にも、といえるかもしれませんが）この点を要約した金言があります。

「幸せは、私たちの外からやってくるのではない。私たちの中にあるのだ」

この言葉はありふれていると思われるでしょうが、時に真実はわかりきったもののように見えます。他人との有害な比較をせずに、心の中の基準に気持ちを向け、夢を追い求めるときには、結果ではなくその過程に集中しましょう。そうすれば、「私は○○をしたときに幸せになれる」と思うことから、注意やエネルギーを別のものに向け直せるようになり、もっと実り多い地平が広がってくるはずです。

誤った神話

02

貧乏だと、幸せになれない

人生という長い道のりの中で、最も痛手となる場面は、自分の家や仕事、そして退職後のたくわえをすべて失ってしまった、と知ったときでしょう。差し押さえ、倒産、解雇通知、立ち退き。これらの言葉を聞くと人はパニックになり、夜も眠れずに、絶望的な状態や恐怖心が募ります。始めのうちはさまざまな絶望感に苦しめられるでしょう。自分はすべてを失ってしまった、挫折してしまった、この先の見通しはない、と。もう二度と幸せにはなれないと思うことでしょう。

中には、経済的な苦境から抜け出して成功する人もいるかもしれません。でも、多くの人は給料をやり繰りし、最低限の必需品を買うのが精いっぱい、かつかつの暮らしがやっとで、さらなる景気の悪化を恐れ、貧しい状態をみじめに感じるでしょう。最近は、わりと快適な暮らしをしていた人でさえも、経済的に不安定だと感じる状況に向かっています。この低迷する経済の中で、個人はどう不安感に対処すればいいのでしょうか？　貧しい暮らしを、よい生活と呼べるようにするには、どのように生きていけばいいのでしょうか?

◉「幸福はお金で買える?」という質問に対する科学的な答え

「お金がなければ幸せにはなれない」と、ほとんどの人は思っているでしょう。この章での1つ目の目的は、この思い込みをあらためて検討することです。安心して満ち足りるためにはお金が必要だ、という深く刻み込まれた信念に挑戦します。

2つ目の目的は、少ない収入や不安定な収入でも生活の質を良好に保つ方法を、研究の結果にもとづいて伝えることです。つまり、レモンをいかにしてレモネードに変えるか、少ないお金を最大限に活用するにはどうするか、もっているものをあまり使わずに済む賢明な節約方法についてお伝えします。

「お金によって人が幸せになるかどうか」については、さまざまなことがいわれたり、多くの本で書かれたりしています。しかし、その結論は、どの心理学者や経済学者の話を聞くかによってまったく異なるのです。「幸福」と「富と収入」、そして「物質的な財産」という3人組の関わりについての本は、私もかなり読みました。さらにこの課題について、おおぜいの専門家と話しました。ただし、これらに関するデータは混乱していますし、互いに矛盾もしています。しかし、ここでは筋の通った、そしてデータにもとづいた結論をある程度お話しできると思います。

「収入」と「幸福」には確かにつながりがあるが、最強ではない

「経済的な梯子《はしご》を高く上れば上るほど、人がより幸せを感じる」ということは本当です。さまざまな意味で、この発見は少しも意外ではありません。お金が手に入れば便利な物や贅沢を得る機会が与えられるだけでなく、より高い地位に就いたり敬意を払われたりしますし、余暇も多くなり、仕事も充実し、健康管理や栄養面でいっそう優れたサービスを提供され、安全面がより強化され、自主性や管理する力も強まります。

より裕福な人は、より健康的な生活を送り、好きな人々と過ごすことができ、混雑もない、より安全な地域に住み、病気や障害や離婚などの災難に直面したときに助けてくれる人を頼むことができるのです。実際、「お金」と「個人の幸福」との相関関係が最も強いものでないのが不思議なくらいでしょう。

しかし、ここで重要な原則を2つ述べておきましょう。

第1に、「幸福」と「お金」との関係には、〝ある種類の幸福〟しかふくまれていないということです。一般的に、「自分がどれくらい幸せか?」とか、「どれくらい満足しているか?」と尋ねられたとき、お金をより多くもっている人は、より幸福でより満足している、と答えたと報告されています。ただし、「昨日、あなたは、どのくらい楽しかった? ストレスを

感じたり、怒ったり、愛情を感じた？　悲しかった？　など、日々の暮らしのその瞬間その瞬間で、どれくらい幸せか？」と尋ねられた場合は必ずしも、より裕福な人々ほど幸せな感情を抱くわけではありませんでした。

こうした結果からわかることは、富は私たちが人生全般について考えたときは「全体的に見て、私は幸せだろうか？　そうだろうな、よい生活をしているのだから」などと「幸せだ」と感じさせてくれますが、「今日、私は幸せだろうか？」というような**実際の毎日の暮らしでは、お金が私たちの気持ちに与える力はもっと小さい**、ということです。

第2の原則は、最初のものよりも重要です。それは心理学者や社会学者や経済学者が「お金と幸福との関係」について論じるとき、「お金を必然の要素である」と考えることです。いうまでもなく、必然であるのなら、逆の面から考えても間違いなくそれが当てはまるはずです。つまり、お金で幸せが手に入りますが、幸せによってお金が手に入ることもあるのです。実際、いくつかの研究によれば、**「より幸福な人ほど、お金を稼ぐことに優れていたり、より才能がある」とわかっています。**

「お金」が「幸福」に与える影響は、裕福な人より貧しい人のほうが大きい

わりと快適な状態のときよりも、食べ物や安全や健康管理や保護をそれなりに得たいという基本的な欲求が満たされていないときは、収入の増加によって幸せに感じる度合いが大きくなります。別の言い方をすれば、お金のおかげで貧乏な状態から逃れられるなら、お金は人を幸せにする、ということです。

なんといっても、非常に貧しい人は家から立ち退かされたり、飢餓状態になったり、犯罪が起きやすい地域に住んだり、子どもが学校を辞める羽目になったり、病気や怪我をしても治療を受けられなかったりする傾向にあります。このような困難な状況にいる人の場合は、収入がまあまあ増えただけでも、状況が改善され、苦痛が少なくなるでしょう。

こうした考え方は、貧しい人々が、お金によってより幸福になる理由を説明するのに役立ちます。しかし、より裕福な人々の幸福に、お金がわりと弱い影響しか与えないのはなぜでしょうか?

その答えの1つは、収入があるレベルを超えると、そのポジティブな効果（たとえば、飛行機のファーストクラスで旅できること、一流の医療スペシャリストの治療が受けられること）がなんらかのネガティブな影響で相殺されるかもしれない、というものです。たとえば、労働時間や通勤時間が増加して時間の制約が厳しくなったり、ストレスが増えたり（権力のある地位に就いたせいで起こる問題、投資に関する不安、過保護に育て過ぎた子どもの問題など）といったネガティブな要素があるでしょう。というのも、**人は富のおかげで人生が提供する最高のものを経験できるとはいえ、人生のささやかな喜びを味わう能力は減ってしまうからです。**

「お金と幸せ」とのつながりは、個人同士よりも国同士のほうが強い

言い換えると、裕福な国に住んでいる人々のほうが、貧しい国に住んでいる人々よりも全般的に幸せだということです。裕福な国は、貧しい国よりも単にＧＤＰが高いだけではないことも強調しておきます。そのような国は民主主義の国家で、自由で平等で、政治不安や汚職の横行や収賄などがより少ないのです。けれども、国家レベルでは、「富」と「幸福」との関係を決める原動力が何なのかについては、はっきりとはわかりません。

多くの国では人々の財力が上がっても、平均的な幸福度は増えていない

最後の答えは、より裕福な人々がより幸福になる、という事実を踏まえると、不可解なものかもしれません。だから、お金では幸福が買えない、ということについてメディアなどが発表するときに、この答えがよく使われます。

ここまで私が述べてきた研究の結果から、その理由がもう推測できているかもしれません。たとえば、アメリカ人は収入が３倍になっても、幸福度が増えませんでした。理由の１つ目は、収入が高くなると、さまざまな願望も強まるからです。休暇や車、屋内のトイレは、かつては浪費だとか贅沢品だと考えられていましたが、いまでは必需品になっています。２つ目は、収入が高くなると、「社会的比較」に変化が生まれます。隣近所やオフィスで自分よ

りも少しばかり多くの物をもっている人がいたら、それに比べて自分が貧しいと感じてしまうでしょう。

◉「節約の美徳」を用いて幸せになる方法

「お金と幸せとの関係」については多数の研究結果がありますが、その結論は、「お金をもてば人は幸せになれるし、お金をもっていなくても絶対に不幸になるわけではない」ということです。

実際にお金が与える影響力は私たちが推測しているよりもはるかに小さいのです。たとえば、経済的な困難は、生活に多くの有害な影響をもたらしますが、幸福に与える影響は比較的小さなものなのです。なぜなら、本書で学んできたように、幸福にはさまざまな要素が影響を及ぼしますし、お金よりもっと強力なものもあるからです。

これまでの実験による証拠から、「裕福でなくても幸福だ」ということが間違った考えではないことがわかっています。かなりの期間、私と大学院生のジョー・チャンセラーはこの問題について考えてきました。これは世界的な経済危機を踏まえると、いっそう緊急性を帯びている問題です。この問題は、数えきれないほどのアメリカの人々が直面している記録的な失業率や負債額、銀行破綻に置き換えられてきました。

私たちの研究結果を次に述べます。要約すると、**少ない家計費で生活している人々が、あまりお金を使わずに最大の幸福を引き出したいのなら、昔ながらの「節約は美徳」という考えから教訓を得るべきだ**ということです。「倹約（thrift）」という言葉を、安いとか、みじめだとか、しみったれた行動と結びつける人もいますが、実は、これは「繁栄（thrive）」から生まれた言葉です。本質的に、「倹約」とは、限られた資源を最適にかつ最も効率的に使うということです。「倹約」の行動で自分の性質のいい面が強調されることになります。自制の精神が与えられ、自分の財政状態をうまくやり繰りする能力が強調されることによって、成功さえもたらされるのです。

「貸し手」の奴隷となる「借り手」になってはいけない

かつて、アルベルト・アインシュタインは「相対性理論」を次のような金言でいたずらっぽく定義したことがありました。

「1分間、熱いストーブに手を置けば、1時間にも感じられるだろう。きれいな女性と一緒にいる1時間は、1分間のように感じられるだろう」

心理学者たちは、この真実を「悪は善よりも強し」とか「苦痛は喜びよりも影響力が強い」と述べています。私の20年間にわたる研究からわかっていることがあります。それは、「ポジティブな経験（人はそれにたちまち慣れてしまいます）から得られる喜びよりも、ネガティブな経験（そこから立ち直れないことがたまにあります）から得る感情的な打撃のほうが大きい」ということです。

では、その研究結果は、お金があまりなくても幸せになれる方法と、どんな関係があるのでしょうか？　「幸福」とは、ただ気分がいい状態を指すわけではありません。気分が悪くない状態を指すものでもあります。なぜなら、ネガティブな経験（負債に伴う不安感など）を減らすことによって、ポジティブな経験を増やすこと（新しいテレビを買うなど）よりも3倍から5倍の幸福感が得られるからです。この研究結果が教えてくれるのは、**お金がなくても生活を楽しむための方法の第一歩として、重要でないサービスや商品にお金を使う前に、まず負債を減らすこと**です。

「物」よりも、「経験」にお金を使うほうが幸福になる

「人を幸せにするのは、物ではなく経験だ」ということが、さまざまな根拠から明らかになっています。友人とハイキングをしたり、夜、家族でゲームをしたりするといった経験の大半は実質的にお金がかかりません。車やオートバイでの旅行、豪勢なディナー、料理教室、ロック・コンサートなど、お金がかかる経験も数多くあります。最も幸せな人は、あらゆる物から経験を引き出すスキルを最高に備えた人だ、と考えられます。そういう人たちはギターであれ、航空券であれ、絵本であれ、ケーキのデコレーションを学ぶ料理教室であれ、経

験を引き出せる物にお金を使うからです。

まず、お金を使う習慣を変える前に、「どうして、そのような行動をとるのか」という科学的な裏づけが重要です。なぜ、経験のほうが物よりも優れているのでしょうか？

1つは、**品物の大半は買った後も変化せず、人は買った物にたちまち慣れてしまうからです。**いったん箱を開けて新しい品物を棚に載せたりクローゼットにしまったりすれば、すぐにそれがずっとあるように感じ、もはや注目すらしなくなってしまいます。

2つ目は、**経験というものは本来、社会的なものだからです。物よりも、ほかの人たちと分かち合い、期待し、追体験する傾向が強いのです。**自分の新しい腕時計だの、寝室用の家具だのの話をしたり、見せびらかしたりするよりも、友人と休暇を過ごしたりボウリングをしたりするほうがはるかに友情が深まるでしょう。

3つ目は、**物をほかの人と比較するよりも、経験をほかの人と比較するほうが頻度が少ないことです。**ビーチで寝そべって過ごした自分たちのハネムーンと、観光しながら過ごした友人のハネムーンを同じように考えるとしたら、相当な努力や想像力が求められます。仮にそんなことができたとしても、隣人がすばらしい時間を過ごしたことを知ったところで、自分の喜びが薄れてしまうことはないでしょう。夫と私はポール・マッカートニーのコンサートが大好きでしたが、8列目の席に座った人が自分たちよりもこのコンサートを好きかどうかなど、まったく気になりませんでした。けれども、自分が新しいハッチバックを買った喜びは、隣人がコンバーチブルに乗っていたら、目の前を通るたびに少し減ってしまうでしょう。

4つ目は、**経験は物よりも比較をする傾向が少ないからです。**お店で買った道具やハンドバッグは、バレエのレッスンや旅行と違って並べて比較することがとても簡単です。たとえ、見つけたときは価値がある物だと思い、その品物にすっかり満足したとしても、買ったことを後悔する可能性がかなりあります。

5つ目は、一般的に品物は時が経つにつれて古くなったり、つまらなくなったりして、ついには別の物に変えたくなりがちですが、**経験のほうは時が経つにつれてよりポジティブに、より楽しかったものに変化していくからです。**私たちは、道に迷ったり、渋滞にはまったりして感じるストレスや、熱いコーヒーをこぼしたり、天気が悪かったりして悩んだことを忘れたり、無視したりして、ポジティブなことだけを覚えている傾向があります。そして思い返したり再現したりすることが多ければ多いほど、過去の経験は花開き、より豊かな物語が提供されるのです。

6つ目は、**私たちは経験に対して感情移入しがちで、ほかの物とあまり交換したくないと思うからです。**結局、人間とはさまざまな経験を合計したものであって、物を合わせたものではありません。人が何かを所有するとき、それはテーブルの上や棚の上、肩の上など自分の外部にあります。でも、人が何かを経験するとき、それは私たちの心や記憶など自分の内部にあるのです。

7つ目は、**経験には挑戦や冒険が伴うかもしれないからです。**難しいレッスンや、旅先で我慢をしいられることがあっても、耐えるために努力し、苦労して達成したものを楽しむことで人は幸せになれるのです。

最後の8つ目は、**物によって経験ほど幸せになれないのは、物を手に入れようと夢中になり過ぎると、費用が多くかかるからです。**物質を優先する人は、そうでない人よりも社会的な関係が少なく、不安定だと感じることが多くなります。そのため、人から好かれることも少なくなります。

このような「物よりも経験のほうが優れている」という研究結果はとても説得力があり、誰にでも、とりわけ、生活費があまり多くない人の場合は、ことさら有効でしょう。ただし、ぜひ覚えておいてほしいことがあります。それは、「物は経験に変えられるので、その点は、物によっても人は幸せになれる」ということです。私たちは新しい車に家族や友人を乗せて冒険に出発できます。新しいポーチで、パーティを開くこともできるのです。

たまにある「大きな楽しみ」より、「小さな楽しみ」をたくさん味わおう

簡単な倹約方法として、いくつか小さなポジティブな経験をつくり出して気分を高める、というものがあります。強烈な経験よりも、何度も経験できるもののほうがよいのです（たとえば、一度の豪華なパーティよりも、何度も通っているレストランへ行くほうがいい)。連続したものよりは、1つひとつ分かれていたほうがいいのです(お気に入りのドラマが一度に何話かまとめて放映されるよりも、毎週毎週、放映されるほうがいい)。

広告主は異議を唱えるかもしれませんが、このように、高価な音響システムをそろえることなど1つの大きくて高額な楽しみよりも、生花を何度も買うとか、遠くにいる親しい友人たちと何度も長距離電話で話すなど、小さいけれども断続的に何度もある楽しみにお金を使うことを心がけるほうがよいでしょう。

このような行動は満足が得られ、費用も比較的安く済むことがわかります。なぜなら、マッサージチェアに30分座っているときでも、おいしいレモンケーキを食べているときでも、いわば**「祝宴は最初のひと口にある状態」**だからです。言い換えると、時間が経てば経つほど、同じ経験から喜びを味わえる能力は減っていくということです。でも、休憩を挟んだ後は、喜びを味わって楽しむ能力が復活します。

どれほど少なくても、使えるお金をいくつかに分けて、1週間に一度か2度、使うようにすると、より喜びを味わえるはずです。英国のさまざまな収入レベルの人たちを研究した結果わかったのは、ピクニック、ちょっと贅沢なコーヒーを1杯、愛蔵しているDVDの鑑賞など、しょっちゅうささやかな楽しみを自分に与えている人は、人生により満足していたことです。

「幸福」はリサイクルして借りることができる

最小の出費から最大の満足感を引き出すために役立つ、そのほかの方法もいくつか紹介しましょう。それは**買うのではなく、借りることや、すでにもっている物から最大の喜びを引き出すという、倹約の実践**です。

人間は、本能的に変化に富んだものや、目新しい物を身のまわりに求める傾向があります。そのため、多くの人が毎週のように何か新しい物を買いたい、という気持ちにかりたてられます。けれども、浪費したり、多額の出費をして環境を変えたりしなくても変化を追い求められるのです。自分がすでにもっている物をもっと大切にして、それに感謝し、幸福をリサイクルするのです。詩人のアレン・ギンズバーグがこういったように。

「敷物を2倍意識するようになれば、敷物を2倍もっていることになる」

さらに、すでにある物を新たな方法で使うことでも、幸福をリサイクルすることができます。そうすればポジティブな経験や、お金がかかっていないというポジティブな感情を絶えず得られるでしょう。

たとえば、アパートや車を友人とシェアする。もっているｉＰａｄで手話を習ったり、自宅の庭の使い道を計画したり、しまい込んでいたヨガマットを引っ張り出してきて新しいフィットネスのプログラムを始めたりするなど。ほかにも、本棚に置いてあった古典文学全集を再読するなどなど。家族旅行や家、車など、かなり昔になったお金がかかる経験や物でも、それを味わったり楽しく思い出したりすれば、喜びを引き出せます。アルバムをパラパラとめくったり、昔のビデオを眺めたりすることが、かつて感じたポジティブな経験やポジティブな気持ちを再び味わう助けとなるでしょう。

目を閉じて記憶や香りや音を味わったり、経験したことをほかの人と話したり、考え過ぎないようにして、ただただ喜びを受け入れればいいのです。このように、記憶に残っている経験やかなり前に買った品物を再び心の中で体験したり、楽しんだりすれば、いまも強い幸福感がずっともたらされるでしょう。

もう1つ、倹約して幸福感を高める方法がありますが、残念ながら評判がよくありません。それは「借りる」ということです。大半の人は、物を借りるよりも所有するほうがはるかに幸福感を引き出せる、と信じています。しかし、私たちの経験は、よく知られている、何かを（何でも！）手に入れた後、もっとほしがる傾向（認知バイアス）を反映しているに過ぎません。

しかし、バイアスに影響された思考のほとんどがそうであるように、ちょっとした努力とコツによっておさえることができます。本を買うことと図書館から借りること、ＤＶＤを買うこととレンタルすること、山荘を買うことと借りることとの金額の差は、たいていかなり大きくなるでしょう。しかしレンタルしたDVDの映画や借りた別荘は、それに対する権利をもっていないので、私たちは必ずしも楽しめるかどうかはわかりません。

ただ、借りた品物の場合は、物をもっていることの特徴である「限界効用（財から得られるメリットの増加分のこと）」が減っていくことと無関係です。というのも、時が経つにつれて、物を所有していることから得られる喜びは減っていくからです。そして、物を借りることによってさまざまな変化が楽しめ、その結果、より大きな喜びが得られます。毎回、違った物を借りられたり、１か所だけでなくてさまざまな場所にある山荘に行くことができたりします。

物を借りると、物を買うことにつきものの性質、たとえば品物の不調、紛失、修理といった、お金がかかることや面倒なことやストレスと無関係になります。たとえば、収入も健康状態も住居環境もよく似た２つのグループに分けられた人たちがいるとします。２つのグループの唯一の違いは、片方のグループの人の家が持ち家なのに対して、もう一方のグループは借家だということです。この研究から、**「いわゆるアメリカン・ドリームについての一般的な信念とは逆に、家を所有している人のほうが、借りている人よりも不幸だ」**ということがわかりました。彼らは家をもっているせいで苦痛が増え、家に関することに使う時間が多く、友人や隣人と交流する時間が短かったのです。

もし、人生を楽しく愉快にする品物や、日常生活をより快適にする品物を買う余裕がないとしても、借りることでも幸せになれるのです。

◉「足るを知る」で幸せになる4つの方法

2008年に世界を襲った、恐るべき金融危機、リーマン・ショックによって大半の人は、わずかに希望がもてそうな状態にあった生活が下り坂になることを懸念しました。悲観的な人々は「生活が崩壊する」と語りました。対照的に、楽観的な人々は、「迫りくる財政難や蔓延する不安感が人々の態度を変え、消費者の行動がよい方向へ変わるだろう」と予測しました。そして、「人生がもっと意義のあるものとなり、人は自らがもっているものにもっと感謝するようになり、私たちの生活に蔓延して地球に害を与えている物質主義を大いに嫌悪するようになるだろう」と。

こうした見解を支持した科学者たちは、「**この困難に対処するためには、小さな幸運に感謝を示すこと、家族や友人との絆を深めること、能力や専門的技術を高めること、そしてまわりに目を向けて人のために尽くすことが必要だ**」といっています。

このような見解は、単なる決まり文句に過ぎないのでしょうか？　多くの人は人生を心から楽しめるほどの収入を得ていないと感じていますし、困難なことの裏には明るい面があるなどといわれても、腹立たしいだけだと思っているでしょう。そんな人たちを、私は別の方法で説得したいと考えています。もっとも、私の意見が当てはまるのは、日々の必需品にも事欠くほど財政状態が悪化したり逆境に陥ったりして、困窮している人たちではありません。

では、より少ない状態が本当に私たちの人生を向上させること、そして「お金がなければ幸せになれない」という神話の信憑性への挑戦となる具体的な例をこれからあげましょう。

⑴ 協力する

もっているものが少なくなれば、人は協力し合い、相手を気づかい、お互いに助け合うようになります。１９３０年代の大恐慌時の家族の話があります。暖炉やラジオのまわりに集まってボードゲームをしたり、散歩したり、博物館へ行ったり、ほかにも無料の娯楽やあまりお金がかからないものを探しました。これは明らかに苦難をきれいごとにし、理想化した光景です。頭の中で想像するだけの実験である「思考実験」と同じです。

たとえば、実家に帰ると両親との間に起こりそうな、なんともすばらしい出来事を思い浮かべるといったもので、私たちの友人が去年、無理にやらされました。しかし、真実の核心の一面をとらえています。もし、仕事がなくなったり少なくなったりした場合、地域社会への奉仕にもっと時間を割く。スピリチュアルなものを好む人や信心深い人なら、宗教活動を始める。このような活動はどれもポジティブな結果を生み出します。

(2) ものの見方や優先事項を変える

失業のおかげで、情熱を傾けられるものを見つけるための、絶好の機会が与えられるかもしれません。「すべてを失った」という感情によって大きな野心が刺激され、意欲がそそられることもあります。なぜなら、ほかに選択肢はないからです。まわりの人たちが解雇されているなか、自分が仕事を失わないで済む場合には、かつては絶えず文句を言っていた仕事であっても、まだ雇ってもらえることに対する感謝の気持ちが育てられ、最善の仕事をしよう、というモチベーションが強まるでしょう。

「お金は聖杯（願いごとをかなえてくれる代物）なんかではない」と悟ることによって、たとえば家族や健康、世界平和、自然の美しさなど、私たちの優先事項は人生で本当に大切なものへと変わっていきます。人生でつらいときは、恵まれている点を数えたり、日常生活のささやかな喜びを味わったりすることがさらに重要になります。苦しんでいるとき、自分がそれまで想像もしなかったほど強い人間で、自らをもっと大切にする能力があることに気づき、愛する者の存在がわかるのです。

(3) 創造的になる

お金がたくさんあるとき、店に入ったら、「ほしい」と思った物をまず買うでしょう。あまりお金がないときは、何に価値があって、何が価値のないものかをあらためて考えることになります。そうやって、必要な物を手に入れるためには創造的にならざるをえません。2008年、アメリカの景気後退がピークに達していたとき、ガレージセールの人気が急上昇しました。画期的な物々交換のシステムを始めた人もいました。経済の低迷時に革新的な事業や起業が相次ぐのは当然のことでしょう。

(4) 環境保全

最後に、もっているお金や物が少なければ少ないほど、人は環境にあまり害を与えなくなります。あまり物を買わず、あまり消費せず、あまり車の運転もしなくなります。活動のペースを落とし、それほど資源を消費しない方法で時間を費やすようになるからです。節約するため、暖房をつけずに、セーターを1枚余分に着たり、車に乗らずに歩いたりします。さらに、無駄づかいも減り、一度使った物は最後まで使うようになるでしょう。

チャンスに備えるために

大きな災難や、小さな失敗や不運が続いて、長い間お金がない状態の人もいるでしょう。また、「お金の使い方や物の買い方が間違っていた」とか、「お金を使い過ぎた」とか、「意志の力や勤勉さや意欲が足りなかったのは自分が悪いのだ」と責める人もいるでしょう。

たいていの人にとって、お金がないことの理由は、いままであげたことよりもっと複雑かもしれません。しかし、原因はどうであれ、「もっとたくさんのお金がないと幸せになれない」と自分の直感が告げているならば、私がこの章であげた、ほかの可能性を示しているデータをよく考えてみることが大切です。ここであげた4つの倹約の方法のうち、1つでもすぐに実行すれば、経済的な破綻を避けられ、最小のものから最大の幸せを引き出すのに役立ちます。不運をぶつぶつとぼやくのではなく、より少ないもので幸せになれる方法に目を向け、お金の正しい使い方を知ってください。

誤った神話 03

お金持ちになれば、幸せになれる

私がインタビューをしたジャック・バーンズは、かぼちゃ色の格子柄のパリッとしたシャツを着て、紺のストライプのシルクのネクタイを締め、カルティエの腕時計をはめて、50歳の男性にしてはふさふさした髪をしています。肌は、日に焼けて革のようです。これは後で話を聞いてわかったのですが、ハワイに250万ドルのコンドミニアムを所有しているのです。ジャックは、尊大にすら聞こえかねないほど自信に満ちた話し方をしますが、気さくで頭のいい人です。私たちはいま高級レストランで会話を続けています。

ジャックは4歳のときから医師になることを夢見ていて、ハロウィンのために買ってもらった白衣を着てお医者さんごっこをしていたそうです。「子どもの頃は、いろんなものになりたがるものだけれど、私はいつも医者になりたいと思っていました」と。ジャックはブラウン大学に入り、優秀な成績をあげ、いくつものスポーツでトロフィーをもらい、医科大学入学試験はほぼ満点で卒業しました。ジャックは自信たっぷりににやりと笑い、「アメリカで3本の指に数えられる医大を3つ受け、そのすべてに合格しただけのことだ」と言います。

「私はあらゆる準備を整えておいたんです。それが自分の望みだと知っていましたからね。15歳になる頃には自分の専門が形成外科だろうとわかっていました。私は人々に自分が美しいと感じてもらいたかったんです」

30歳になる頃には、ジャックは開業医になって、その医院は繁盛しました。未来の妻となる女性を友人から紹介されました。

「私は彼女に『きれいだね』と言い、『デートしてほしい』と誘いました。本当にしつこい男だったでしょうね。初めて会ってから毎晩、彼女の電話にメッセージを残しました。とうとう向こうから折り返し電話がかかってきましたが、返事は『NO』でした。『きみはバカだよ』と私は彼女に言いました。『ぼくたちは結婚するんだから』と。2か月後、私はプロポーズしました。すると、私たちはたちまち激しい恋に落ちたのです」

その後、ジャックと彼の妻は結婚生活を楽しみました。旅行をしたり、ジャックの仕事の成功を大いに享受しました。医師としての業務が拡大するにつれ、ジャックは専門性を活用し、特殊な治療をするようになりました。それがニューヨークやコネチカット、マサチューセッツの富裕層の間でとりわけ受け入れられました。どんどん入ってくるお金を投資に回し、4年の間にジャックは別荘を2軒、スポーツカーを2台、クルージング用のヨットを1艘《そう》買いました。

「私には、使い道に困るほどのお金がありました。それで、妻も私もほしい物が何もなくなってしまったんです」

しばらくの間、ジャックは仕事の成功と裕福な暮らしを楽しみました。お金がもたらす力にも喜びを覚えたものです。けれども、まもなく彼は自分の仕事やライフスタイルの意味が薄れ始めたことに気づきました。

「私はモチベーションを高められなくなり、朝、ベッドから起き出す気力がなくなりました。一番よく覚えているのは、起きることが負担に感じられたことです。以前は気力にあふれていました。午前5時に起きてジムへ行き、8時にはその日の最初の患者を診療しました。正午まで手術をして、デスクで昼食をとり、それから仕事に戻って午後8時まで働きました。私が得意なことの1つは、年中無休で患者を診ても大丈夫だということでした」

ジャックは苦しむようになりました。新しい患者を診ないことにして、治療している患者の数を妻にごまかし始めたのです。この時点で、ジャックはほしかったものをすべて手に入れたのに、自分がみじめそのものだということに気づき、週に3回、著名な精神科医のところへ通うようになりました。

「ある日、私は診療室に横たわり、またしても自分が空っぽのような気がしていました。すると医師のドクター・Gが言ったんです。『何かほかのことをやったらどうでしょうか？　あなたがやっていることが前ほど幸せをもたらしていないのは明らかですから。みじめな気持ちのまま死を迎えたいですか？』。彼に頭を叩かれたような感じでしたよ。みじめな気持ちで死ぬなんてごめんだ。そのときまで、私の辞書には、ただ目的を変えるとか、人生を変えるという言葉はありませんでした」

「お金や成功では、もう幸せになれないと悟った特別な瞬間はいつですか？」と私が尋ねたところ、ジャックは、「決定的だったのは、何人もの患者を診た後で、ある新しい患者からこう頼まれたときです」と答えました。その女性の患者は「ほかに空き時間がないから、クリスマスの日に胸の整形手術をしてほしい」と言ったのです。彼女は頭金としてジャックに7万5千ドルの小切手を書きました。

「私はただただその小切手を茫然と見つめるだけでしたよ。そのとき、もうこんなことは嫌だと思ったんです」

何もかもを失ってしまったと気づくのではなく、ジャックの場合のように、すべてをもっているように見えるのに、それでも自分がまだ幸せではない、と悟ったらどうなるでしょうか？　裕福になることが目標の場合、思いがけない不安がそれに伴うことがよくあります。

なぜでしょうか？ 人はいったん富や成功や、ほかにも何であれ、自分が願っていたものを手に入れてしまうと、「ようやくこれで幸せになれる」という思い込みの罠にはまりやすいからです。それでも、幸せがなかなか手に入らなかったり、長続きしなかったりすると、さまざまな感情にさらされたり、失望したり、時には落ち込みさえ感じたりします。しかし、このような経験は避けられるのです。

この章では、大成功したり、大儲けしたりといったさまざまな経験に一貫する特徴が、「快楽順応」であることを説明します。そして、いかに順応してしまうか、そのプロセスを明らかにしましょう。とうとう成功したというこの重大な局面に対して、「快楽順応」が果たす役割を理解すれば、きたるべき場合に備えて心構えをするうえで役立ちます。それだけでなく、つまずいたり不満な状態に沈んだりすることなく、いきいきとポジティブな方向へ進むチャンスを高めることもできるのです。

◉「お金」は期待するほどすばらしいものではありません

私が博士課程に在籍していた当時、指導教員が好きだった言葉は「人生で期待通りに運ぶものはほとんどない」でした。この言葉は、とりわけ富について当てはまるでしょう。100万ドルがほしいとか、海辺に夢の別荘がほしいといった空想は、いざそれが現実になってみると、想像したほどワクワクするものではありません。たとえ興奮するものだったとしても、湧き上がる喜びが長続きすることはないのです。さらに悪いことに、「満足感が持続しない」という、人間がもつ傾向は、ようやく獲得した成功という幸福感を弱める有害な結果をもたらすのです。

なぜ、このようなことになるのでしょうか？　答えは、**何かを初めて経験するのは、一度しかできないことだからです。**山の頂上に到達するとき、キャリアのてっぺんを極めるとき、その頂点に達した後の数分間、数週間、あるいは数年間は、疲労があっても、ワクワクしているでしょう。夢を達成しかけているときにはウキウキした気分や冷静な気分、大胆な気持ちなどを味わいます。「ハリケーンの襲撃を受けそうになっているとき、人々の集中力や結びつきが高まり、さまざまな取り決めが増える」といわれています。何かに成功したとき、あるいは成功しようとしているときはそれと同じような気持ちになり、しばらくの間はすばらしいと感じるでしょう。

タル・ベン・シャハーは、著書『最善主義が道を拓く』（田村源二訳、幸福の科学出版、２００９年）で、スカッシュ・トーナメントの全国大会の若手部門で優勝した後の達成感と本当に幸せだという感情をこう表現しています。「その気持ちは3時間しか続かなかった」と。思いがけない成功や大金を手に入れた満足感が、成功を目指し始めたときからの距離に正比例して減少していった、という経験をした人はいるでしょう。ベン・シャハーは勝利の瞬間の後にはたちまち、自分の栄光はたいして意味がないし、本当にほしかったのは世界チャンピオンの地位だという結論を出して、すぐさまトレーニングを始めたようです。

話を形成外科医のジャック・バーンズに戻します。彼は、精神科医のアドバイスに従い、早まった決定をしないことにしました。そこで3週間にわたる静かな瞑想リトリートに行き、誰とも話さずにじっくり考える日々を送りました。そして新しい気分になり、しっかりと心に決めたことを携えて帰ってきたのです。

その決心とは、「先天的に欠陥があったり事故によって傷つけられた子どもや、大人で健康保険をもたない家族を無料で診ることに、診療の一部をあてる」というものでした。現在、50代になったジャックは、南アメリカでの頭蓋顔面外科学の4軒の移動式クリニックに資金を提供し、ボランティアの医師としてしばしば南アメリカへ遠征して口唇裂や口蓋裂の手術を行なっています。彼は決して昔のことを振り返りません。

彼とは対照的に、かつて空港から1時間、リムジンに私を乗せてくれたことがあった裕福で権力もある宅地開発業者は、自らの経験をこんなふうに語りました。「29歳で億万長者になった。しかし、虚しさを覚えるようになり深刻な薬物とアルコールの依存症になった」と。彼の症状は何年間にもわたって悪化していき、両親から厳しく非難され、人生を立て直すことになったのでした。

ここにあげた例は極端だと思われるかもしれません。でも、これらはお金や成功のせいでだめになったとか、お金や成功にとりつかれたという気持ちを反映している典型的な例です。たとえば、自分の上司よりも出世したとき、多くの人は高揚した気持ちを味わうでしょう。しかし、その高揚感が続かなくなると虚しさを経験し、充実感がないとか失望したと思うのです。**結局、人間というものは、さらなる欲望をもつようにできているのです。**すでに自分がもっているものには満足せず、物事のありがたさがわからなかったり、さらに多くのものを手にしようとあがいたりします。

これまでの研究結果からわかっているのは、**極端にポジティブな出来事を経験した後は、友人とのランチなどちょっとしたポジティブな出来事を平凡だとかつまらないとか感じてしまうことです。そして、車で渋滞にはまることなどのようにちょっとしたネガティブな経験が、極端にネガティブなことだと感じてしまうのです。**

◉人は、「お金」にさえ慣れてしまう

多くの人にとって「お金」と「成功」はまったく同一のものです。アメリカの大学1年生を対象にした最新の調査で、短大と総合大学279校の20万人を対象に、「人生で最も重要な目標」について尋ねたところ、77パーセントが「経済的にとても恵まれること」を選びま

した。

裕福になれば、相応な便利さや利点を手に入れられます。もっと多くのものを獲得できる能力だけでなく、将来性のある人に会えるとか、安全や安心も得られます。しかし、避けることのできない事実があります。それは私たちが、その状態に慣れてしまうことです。たとえば、経済学者たちが発見したところによると、**「収入が増えたことによるメリットのうちの3分の2が、わずか1年で消えてしまう」**そうです。理由の一部は、収入が増えるとお金を使うようになり、新たに「必要なもの」が生まれてくるうえ、より所得が高い人々とつき合うようになるからです。

より裕福になると、まずは生活水準がより高くなり、快適さが増えたり贅沢になったりすることで、より多くの喜びが得られます。しかしその後、人はその高い生活水準に慣れ始め、そしておそらく、それに溺れてしまうことさえあるでしょう。さらに多くのお金を得ることによって、もっと多くのものを手に入れるまで満足できなくなるのです。

けれども、心理学や経済学の最新の説に精通していない人々は、このように基準が高くなることを予測できないため、「もっと裕福になれば、すでに手に入れた以上の幸福感を得られるだろう」と思ってしまいます。さらに、予想したほどの喜びを得られないと、その原因が人間の本来の性質にあるとは思わずに、最適な物が買えなかったせいだと考え、ショッピングモールや不動産業者、車のディーラーのもとへとたちまち再び走ることになるのです。

２００年以上も前にアダム・スミスは、人々はお金やお金で買える品物に飽きるものだということを示す研究結果を予想し、社会規範がどのようにして新しい「必要な物」（それをもたずに外出するのが恥ずかしいと思うような物）をつくり出すかについての書を著わしました。

スミスの時代にはなかった物から例をあげましょう。たとえば、いったんビジネスクラスで旅をした人は、自分の収入がいつもそれに見合うだけあるわけでなくても、エコノミーの席には戻れなくなってしまいがちです。「収入に見合う」という話が出ましたが、どれほど裕福でも、「自分が何を成し遂げているか」ということよりも、「同僚たちが何を成し遂げているか」ということのほうが自分の成功を左右してしまうことがあります。別の言い方をするなら、平均的な人間は、自分の銀行の預金額や評判という絶対的な評価よりも、地位やランクや、いわゆる「地位財」といった社会的比較のほうを気にするものなのです。

１９９８年の有名な研究で、「人は自分の年収が10万ドルでほかの人の年収が20万ドルの場合よりも、自分の年収が5万ドルでほかの人の年収が2万5千ドルの世界に暮らすほうを好むこと」が明らかになっています。同様に、英国での研究で、「他人のもっているお金が自分よりも少ないなら、人はいくらかお金を手放してもかまわないと思うこと」が示されました。

◉あなたの「物欲」はどれくらいですか？

人は、お金を手にすればするほど、その状態に慣れてしまい、もっとほしいと思うようになります。この現実から2つの有害な結果が生まれます。

第1に、もっと楽しんでもいいはずなのに、私たちは富をあまり楽しめません。

第2に、同じレベルの喜びを得るために、ますます多くの品物を買い、「所有したい」という欲求のせいで、人は上昇の一途をたどる物質主義や欲深さという道へ進んでしまいます。そしてお金を使えば使うほど、それによって得る幸福感が少なくなってしまうのです。

自分の「物欲」がどの程度なのか、みなさんはわかっているでしょうか？　はっきりとわかっていないなら、次の言葉が自分にどれくらい当てはまるか考えてみてください。

1＝まったく当てはまらない、2＝当てはまらない、3＝どちらともいえない、4＝当てはまる、5＝大いに当てはまる

①　高価な家や車や服をもっている人に憧れる　（　）
②　自分がもっている物によって、成功の程度がかなりわかると思う　（　）
③　人々があこがれる物をもつのが好きだ　（　）
④　物を多くもたず、できるだけ人生をシンプルにしようと努力している　（　）

⑤　物を買うと喜びがたくさん得られる（　）
⑥　贅沢をたくさんしたい（　）
⑦　いまもっていないものが手に入れば、私の人生はもっとよくなるだろう（　）
⑧　もっと多くの物を買える余裕があれば、もっと幸せになれるだろう（　）
⑨　ほしい物をすべては買えないので、イライラするときがある（　）

あなたの「物欲」がどれくらいかを測るために、まずは4つ目の言葉（人生をシンプルにする）を「逆転項目」として計算してみてください。つまり、1を選んだのなら、それを消して5点に変えてください。2を選んだのなら、それを4点に変えてください。4を選んだなら2点に、5を選んだなら1点に、それぞれ変えてください。さあ、9項目の点数をそれぞれ足して合計してみましょう。

研究からわかったのは、この質問票での一般的な人々の得点は26・2だということでした。答えのほとんどが「どちらともいえない」で、「当てはまらない」が1つか2つあったとすれば、「物欲」の点数は平均的ということになります。もし、得点が36点（つまり、質問すべてに「当てはまる」と答えること）に近ければ、あなたの「物欲」の程度は、上位20パーセントの中に入るわけです。

どうして、物質を優先する傾向を見つけることが重要なのでしょうか？　山のような研究結果が示していますが、物質主義は幸福感を減らし、人間関係における満足感を下げ、あまり友好的でなく、好感がもてず、共感できない人にしてしまいます。他人を助けたりコミュニティに貢献したい、とそれほど思わなくさせてしまうのです。

最初に考えるべきは、おさえの利かない物質主義の影響による、社会全体のダメージです。というのも物質主義者は、地球の資源をより多く使う傾向にあり、環境に優しい行動をさほどとらないからです。次に考えるべきは、個人レベルでの、物質を優先する人の傾向です。彼らは人生にあまり満足したり感謝したりしません。あまり目的をもたず、一般的にあまり有能ではなく、より非社交的で、他者との結びつきがより弱い傾向があります。

哲学者や聖職者、人間性心理学者が長い間にわたって議論してきたように、**お金や名声を追い求めると、私たちのエネルギーや情熱の方向性が変わってしまいます。そうなると、より意味のある社会的な結びつきや、成長するための経験から離れてしまい、自分の可能性を十分に生かせなくなるのです。**

自分の時間をさらなる金儲けに費やすと、詩を読んだり、わが子とキャッチボールをしたり、友人と散歩したりといった機会に費やすコストはとても高くついてしまうので、そんな行動をとるのが「理屈に合わない」と感じてしまうでしょう。だからこそ、過剰に消費することや物質主義をどうやって避けるか、そして幸せになるためにはどのようにお金を使うかについて、さまざまな研究結果から学んでほしいのです。

◉では、どうしたら「お金」によって幸せになれるのか？

「アメリカン・ドリーム」のルーツは独立宣言にあります。1931年にこの言葉が初めて用いられたときには、常に繁栄や物が豊富にあることへの切なる願いがふくまれていました。けれども時が経つにつれて、その夢は形を変えてきました。「単に裕福になりたい、しかも、できるだけ早くにという夢」から、「富と幸福の両方を楽しむこと」へと変化してきたのです。トヨタのレクサスの有名な広告が「お金で幸福が買えないという人は、正しい使い方をしていないのだ」と述べているように。

ポジティブ心理学は、「自分のお金を最大限に楽しんで生きるための6つの原則」を提案しています。そのうちの4つはこれから述べます（後の2つ、「経験にお金をかけることを考える」「経験をいくつかに分ける」については、〈誤まった神話2〉の章でふれました）。

本当のニーズを満足させる活動にお金をかける

もし、お金があっても幸せでないなら、おそらく隣人に張り合おうとしてお金を使ったり、お金が必要なことの正当性を主張したり、意見や権力や地位を見せびらかしたりしているのでしょう。となると、問題はお金にあるのではなく、お金の使い方にあるわけです。幸せを最大に、充実したものにするために、**お金から引き出せる最も直接的で最も当てになる方法は、自らの欲求を満たすものを追求することです。**たとえば、人間として進歩したり成長したりできるものに資産を注ぎ込んだり、人とのつながりにお金をかけたりといったことです。言い換えると、感情面での恩恵を最大に得られる買い物や出費は、人間として基本的な3つの欲求のうち、少なくとも1つを満たす目標をもったものです。それは次の3つです。

①能力（自分が有能だとかプロフェッショナルだとか感じること）
②関連性（どこかに所属しているという意識や、他者とのつながりを感じること）
③自主性（何かに精通しているという感じや、自分の人生をコントロールしている感覚）

研究結果によって、「これらの活動では、絶えず欲求がかき立てられる依存症のように何かを求めてしまうことはない」と示されています。

さらに新しいスポーツをマスターするとか、友人の成功を祝うとか、甥をサファリ（アフリカ大陸を移動して、野生動物を見る旅）に連れて行くといった、欲求を満たす目標にお金を使えば、「上昇スパイラル」を引き起こすことになります。つまり、そうした活動をするうちに勢いがついたり、波及したり、互いの結びつきを強めたりして、幸せな気分や楽観的な考え方や親切な行動が生まれるのです。

たとえば、美しい音色が出る弦を、私が自分のバイオリンを奏でるために買うとしましょう。うれしそうにしている私を見て、娘が笑い声をあげて抱きついてきます。すると、私は自分が有能だと感じ、感謝を覚え、夫にお気に入りのコーヒーをもっていってやりたくなります。その結果、結婚生活がより充実したものになるのです。たった1つのものにお金を使うだけで、次々と起こる幸福の連鎖反応に、時として驚くでしょう。

さらに、これらの活動は、つかの間の喜びをもたらすだけでなく、さまざまな欲求も満足させてくれます。たとえば、自然災害の犠牲者を治療するために遠くの土地へ旅することはコミュニティへの貢献であり、基本的な看護や建築のスキルを学ぶ機会や、生涯にわたる絆を新たにつくるチャンスでもあります。実際に、欲求を満たす活動にお金を使えば、どんな方法よりも、お金を払うだけの価値が生まれます。

自分のためではなく、他人のためにお金を使おう

お金を得れば、自分のコミュニティにかなりの貢献をする力が手に入ったり、世界を変える力さえもったりします。慈善活動（たとえば、地元の学校に寄付する、全国民が予防接種を受けられるようにするのを助ける）を通じてであれ、富を家族や友人に分け与えることであれ、お金は自分の幸せやまわりの人の幸せに大きな影響を与えるでしょう。

ある人たちにとっては驚きかもしれませんが、裕福になればなるほど、人が慈善活動に費

やすお金の割合は減っていきます。年収が30万ドル以上のアメリカ人の家庭の場合、1年間に慈善事業などに寄付するのは収入の4パーセントに過ぎず、億万長者の場合はさらに少ないようです。

ブリティッシュ・コロンビア大学のエリザベス・ダン教授と共同研究者たちによる、「お金で幸せは買えるが、それは社会的にお金を使った場合だけである」という考えについて調べた画期的な研究があります。人が自分自身にではなく、他人のためにお金を使った場合について調べたのです。

最初に、彼らはアメリカの人口構成を代表する、600人以上のアメリカの居住者を対象に「お金の使い方」について調査しました。すると、**「他人へのプレゼントや慈善事業への寄付にお金を使えば使うほど、より幸せになったこと」**がわかりました。また、「被験者が自分自身へのプレゼントや請求書、必要経費に使ったお金の金額は、幸福と無関係であること」が明らかになりました。

次に、研究者たちは、お思いがけず手にしたかなりの額のお金（たとえば、会社から与えられた平均5000ドルのボーナス）を、従業員たちに、そのお金をもらう前ともらった後に同様の質問をしました。驚いたことに、「『ボーナスによって従業員がどれくらい幸せになったか？』は、もらった金額によるのでもなく、自分のために何か買うとか、請求書の支払いをするとか、必要経費を使うとか、家のローンを払うとか、家賃を払うなどといった使った内容とも関係がないこと」がわかりました。「幸福」に関して重要だったのは、「ボーナスのうちの何パーセントが慈善や他人に何か買ってあげることに使われたか」という点でした。

この2つの研究は相関的ですので、社会のためになるようにお金を使えば、そうでない場合と比べてより大きな幸せが得られる、というような因果関係を断言することはできません。因果関係の方向をもっとはっきりさせるために、同じ研究者たちはある実験を行ないました。

その実験では、ブリティッシュ・コロンビア大学のキャンパスを歩いていた人を無作為に選びました。そして実験対象者に5ドルか20ドルが入った封筒を手渡し、対象者の半分には、「封筒の中のお金を必要経費や請求書を払うため、または自分への贈り物を買うために使ってください」と言いました。残りの半分の対象者には、「そのお金を慈善事業への寄付か、誰かへの贈り物のために使ってください」と頼んだのでした。また、お金の入った封筒と指示は、朝のうちに対象者に与えられ、お金はその日の午後5時までに使わねばならないことになっています。

夕方になって実験対象者たちに連絡を取ったところ、「お金を他人のために使った（5ドルだろうと20ドルだろうと）人たちは、自分のために使った人たちよりもはるかに幸福度が高い」という結果が出ました。そして、北アメリカの人々だけでなく、東アフリカの人々を対象にした実験でも同様の結果となりました。

自分のお金を他人のために使うと幸せになれる理由は、説明の必要もないほどはっきりしているでしょう。他人に何かを与えると、思いやりがあって人のために役立っている自分に対してもっとポジティブに感じるだけでなく、利益を受ける人についても自分の親切や敬意を受ける大事な価値がある人だ、と考えられるからです。そうすることで、世界や、あるいは近所で見かける貧しい人々について苦痛を感じることが少なくなり、自分の幸運にもっと感謝するでしょう。さらに、自分のちっぽけな問題や考え過ぎてしまうということから、気持ちを別のところに向けられるようにもなります。

他人と何かを分かち合うことは、匿名で行なわれた場合でなくても、ポジティブな社会的な交流を促し、新しい友情や人間関係を生み、以前からの人間関係を向上させます。こうした理由から、私の研究室での実験からも示されているのは、**「寛大で親切な行動をすることは、幸せをかきたてて長続きさせる最も強力な方法の１つ」**ということです。

時間を手に入れるためにお金を使おう

私たちは、「時間は、お金よりも重要な資産である」といわれる時代に生きています。もちろん、このことがいつも真実だったわけではありませんし、多くの人や社会にとっては相変わらず真実といえません。しかし、あなたが幸運な人なら、たっぷりと余暇がとれるだけのお金をもっているでしょう。皮肉なのは、アメリカの場合、人は裕福になればなるほど、ますます長時間働くということです（このパターンはヨーロッパでは逆のようです）。

もし、昼間にもっと自由な時間が得られるようにお金を使ったとしましょう。たとえば、すでに十分な時間、働いているので、労働時間を減らしたり、排水管の修理、郵便局で列に並ぶ、退屈ないくつもの書類に記入するなど、時間を食う雑用を有料でほかの人にやってもらったりします。そうすれば、幸せになれることが実験からも事例からも明らかになっており、人生での楽しいことに時間を費やせるのです。本来、こういった活動には、私が以前にお話ししたような、「充実感がほしい」という欲求がふくまれています。そのような活動の例として、親密な人間関係を育むこと、新しい外国語やスキルを習うこと、近所の病院や教会や動物シェルターでのボランティア活動などがあります。

「いま」にお金を使い、「後」で結果を楽しもう

休暇を過ごすことでも、望遠鏡を買うことでも、何か新しいものにお金を使う場合に見落としがちなのは、「待つ」というワクワクする感情です。残念ながら、私たちの多くは「期待」というものを「不安」と同一視する傾向があります。「待つ」ことを退屈だとか、忍耐を伴う行為だとか考えてしまうのです。みなさんには違う視点で見てほしいと思います。私のお気に入りの研究の1つから、次にあげる例を考えてみてください。

あなたはたったいま、大好きな映画スターにキスをするチャンスがあります。相手はたとえば、あなたが夢中になっている、セクシーで輝いている男優か女優だとしましょう。キス

をするのは3時間後でも、3日後でもかまいません。あなたはどちらがいいでしょうか？

もし、あなたが一般的な人なら、3日間待つほうを選ぶでしょう。待つことのワクワク感が、待っている対象である経験そのものと同じくらい貴重なのは明らかだからです。有名人にキスする前、キスしている間、キスした後の人々の幸福度を追った研究はまだありませんが、ほかのポジティブな経験についてなら追跡調査されています。

たとえば、1か月前に添乗員つきでヨーロッパのいくつかの都市を回る12日間の旅に出た、旅好きの人たちが報告したものです。**「旅行を計画しているときのほうが、実際に12日間の旅をしていた間よりも楽しかった」**そうです。それと同様の結果は、感謝祭の休暇の3日前の生徒たちの期待感を調べたものにも、カリフォルニアを縦断する自転車旅行に出る3週間前のアメリカ中西部の人たちの期待感を調査したものにも出ました。

旅行、おいしいイタリア料理、高級なシャンパンなどの何かを手に入れるのを待っている日と、実際にそれを手にする日には特別な性質がありそうです。ワクワクする気持ちや計画を友だちと分かち合ったり、たとえばトスカーナの田舎をめぐるサイクリングを想像することなど、これから得られる物や経験を楽しんだり、五つ星レストランでの食事に備えて、食を控えることなど、それについて計画したり準備したりする機会が与えられます。

私は40歳の誕生日に、夫からサプライズの旅行をプレゼントしてもらいました。夫は「どんなものを荷造りしたらいいか」だけを曖昧に告げ、空港まで車で行き、そこで搭乗券を渡したのです。私には行き先がさっぱりわかりません。飛行機がサンフランシスコの湾岸地帯へ向かっていることはようやく機内でわかったのですが、その旅の先に何が待っているのかまったく予測もつきませんでした。そんな40歳の誕生日は、料理がとてもすばらしく、かつてないほど思い出に残る誕生日になりました。けれども、そのサプライズ旅行には、意外な欠点がありました。旅に先立って、それを楽しみに待つことができなかったのです。

このような研究から間違いなくお勧めできるのは、**支払いを済ませてから何日か後に、あるいは何週間か後に望みのものを手に入れたり、経験したりすべきだ**ということです。この方法を用いれば、これから先に楽しみなものが絶えず待っていることになります。

しかし、クレジットカードという迅速で簡単な存在が出現したため、多くの人は経済の原則に忠実に従い、それとまったく逆のことをしているでしょう。いま支払って、後で楽しむのではなく、買ったものをいま楽しんで、後で支払っているのです。この正反対の方法のせいで、衝動的に物を買う傾向が進んでいます。このような「すぐに得られる喜び」タイプの品物は、充実感を長続きさせてくれるものではありません。その代わりに、休暇の取得を先に延ばし、ブルゴーニュ・ワインを蓄えておき、新製品の配達を来月にしてもらいましょう。きっと、もっと幸せになるはずです。

チャンスに備えるために

いつも到達したいと思っていた地点まで、少なくとも名目上は目標を達成したとき、人生は輝きを失い、空虚なものにさえなってしまいます。楽しみなことがすぐ近くにはほとんどないからです。成功した人の多くは、自分が心から幸せでない理由が理解できません。すると、ずっと続く幸福は、成功やお金や物を所有することからは得られないのだ、という結論に達してしまうかもしれません。

この章で最も伝えたいことはもうおわかりかもしれませんが、「幸せの神話」が間違いだと私が信じていることです。「ヘドニック・トレッドミル（ほしい物を手に入れて一時的に幸福感が高まっても、時間が経つと元の幸福レベルに戻ること）」の奴隷になってはいけません。

ここで私が紹介した方法は、幸運のマイナス面を経験しないための助けとなるでしょう。もし、あなたがとても粘り強く頑張ったり、途方もなく幸運だったりしたら、努力したことでかなりの喜びがもたらされるはずです。

幸せをお金で買うことのカギは、どのようにして成功するかの中にあるのではありません。成功によって、自分がどうするのか、というところにあります。いわば、「収入がどれくらい多いか」ということではなく、「収入をどう配分して用いるのか」が大切なのです。

PART Ⅱ

「人とのつながり」にまつわる
誤った神話

このパートでは、「親密な相手がいることの大変さ」と、「いないことのつらさ」について取り上げていきます。これは多くの人にとって、とても深刻な問題でしょう。離婚に伴うストレスは、半年間にわたって毎日、交通事故に遭うのと同じようなものだ、というなんとも想像力をかきたてられる話を聞いたことがありますが、この悩みをよく表わした例だと思います。

「パートナーのもとにとどまるべきか？」、それとも「別れるべきか？」と自分に問いかける日がいつかくるかもしれません。結婚について「楽観的に考えたほうがいいだろうか？」、それとも「運命の人を見つけることなんてあきらめたほうがいいだろうか？」と自問する場合もあるでしょう。このような質問には、そう簡単に答えられそうにもありません。でも、「そもそも私たちがそのような危機的な状況に陥るのはなぜか？」「そのような状況がその後どうなるか？」については、心理科学によって実に多くのことが解明されています。

恋愛や家庭生活で深刻な悩みが生じたら、自分から行動する前に、まずは、「生涯のパートナーを見つけたり、子どもをもったりすることが、自分のいる社会ではどんな期待をもって受け止められているか」を調べることが肝心です。なぜなら、たいていの人はそんな期待を抱え込み、しっかりと受け入れているため、理想の人を見つけるとか、親になることなど人間関係における重要な出来事が思い通りに運べば、ずっと幸せでいられるし、パートナーが見つからないとか、理想だったはずの人が見込み違いだったとわかることなど思い通りにいかない場合は、ずっと不幸だと思ってしまうからです。

このパートでは、みなさんにこうした期待や思い込みと向き合ってほしいと思います。そして私たちがどこで道を間違ったかを示してくれる、とても説得力のある研究を参考にしてみてください。たとえば、「ずっとシングルでいること、シングルになること、親としての試練といった困難に、人間は驚くほどよく適応すること」が研究結果からわかっています。その一方で、「新婚生活や新しい仕事といったポジティブな環境の変化にも、信じられないほどすばやく慣れてしまう」のも事実です。

幸い、「親密な人間関係」に関する新しい研究がたくさん行なわれています。それらによって、みじめな結婚生活、離婚、親になることや独身でいることへの反応にひそむ間違った考えが浮かび上がってくるでしょう。また、新たにわかった研究から、あなたにとって可能な道が開けるはずです。新しい科学による発見や、それが意味するもののどこかに、誰もが自分自身を見つけるでしょう。

誤った神話

04

理想の人と結婚すれば、幸せになれる

一定の期間、結婚生活を送っているか、結婚を前提とした交際をしているとしたら、最も親密な家族や友人にさえ言いたくないことを抱えているかもしれません。言いたくないこと、それは「退屈」ということです。こんな悩みはくだらない、身勝手なものに思われるでしょうが、「退屈」のせいで小さな不安や文句が生まれ始め、結局はそれが雪だるま式にふくれあがって不満や破局につながり、自分自身を苦しめて人間関係に悪影響を及ぼすのです。

最初は、結婚生活を終わらせようと本能的に思うかもしれませんが、そうすべきなのかどうかも、どのように取り組めばいいのかもわかりません。ただ傷ついたり罪悪感にかられたりして、くよくよと考えこんで言い訳をしたあげく、無気力な状態とパニック状態の間で揺れ動くことになるでしょう。

一歩踏み出す前にすべきなのは、まず本能的な反応をかりたてる原因となる「幸福に関する思い込み」について考えることです。ここで、「私が幸せになれるのは……理想の人と結

婚したとき」という前提について考えてみてください。自分に合った、あるいは理想のパートナーを見つけるために、膨大な時間やエネルギーを費やし、そして結婚生活を大事にすることに専念したとします。努力もしたし、運にも恵まれたのに、いまやかつて思ったほどの、満足感を結婚から得られない、と気づき始めています。

いまはとても大切な時期です。自分の期待するものが現実的なのか、それとも結婚にあまりにも多くを求め過ぎているのかを理解すべきときです。詳しくは後で述べますが、最高に幸せな結婚でさえも、最初ほどの満足感は維持できません。途方もないエネルギーと献身だけが、結婚当初の満足感に近づくことを可能にするのです。

この章では、満足できなくなった結婚生活や長年にわたる恋愛関係を経験している人に役立つ選択肢やものの見方を提示していきます。悩み続けて、時が問題を解決してくれるだろう、と願うこともあるでしょう。また、問題の原因をなんとか理解し、解決策を得たり、悩みを軽減したりするために行動することもできます。お伝えするさまざまな取り組みは、自分やパートナーが自分たちの関係に、どうしたらもう一度力を注ぐことができるかという方法を教えてくれるでしょう。

◉もし、結婚生活に飽きてしまったら？

私が思うに、夫との結婚は自分に起こった最高の出来事でした。計り知れないほどの喜びがあったし、いまでもその余韻は残っていて、人生にさまざまなすばらしい影響が及んでいます。けれども、結婚という出来事に関する最も有名な研究では、**「結婚したとき、平均的な人はかなり大きな幸福感を得られるが、この感情は2年ほどしか続かないこと」**を明らかにしています。その後、新婚夫婦は婚約前の幸福度に戻っていくのです。

恋に落ちたばかりの頃は、車が渋滞にはまり込んでいる間も、歯の歯石を取ってもらっている間も、幸福だと感じていませんでしたか？　でも、こんな時期は長く続かなかったはずです。つき合い始めた頃よりも幸福感がなくなり、「恋愛感情が冷めた」という状態を経験した人は大勢います。「そのような経験はない」と言い張る友人がいたら（ごくまれな例外は別として）、あなたや自分自身に嘘をついているのではないでしょうか。

結婚がもたらした喜びは、新しい仕事を得た喜びや、新車を買った喜びと同様に「快楽順応」が高いのですが、同時に、相手に夢中になり、電気が走ったような感覚で惹かれ合うことのせいで、最高の時期がさらに短くなりがちです。運がよければ、恋に落ちたばかりの頃に、研究者が「情熱的な愛」と呼ぶものを経験できます。でも、何年も経つうち、このような愛情は「友愛」に変わるのが普通です。「情熱的な愛」が激しい切望感や欲望、引力を意味するのに対して、「友愛」はより深い愛情や絆、好感で成り立っています。もし、いま（または過去に）、自分がどんな愛情を経験しているのかがわからなければ、次にあげる言葉に同意できるかどうかで判断してください。

「情熱的な愛」とは？
・パートナーのことばかり考えて、仕事が手につかない
・パートナーに夢中だから、ほかの誰にもまったく興味がもてない
・パートナーに嫌われないかと思うと怖くてたまらない

「友愛」とは？
・パートナーは私が知っている人の中で最も好感がもてる
・パートナーは私が「そうなりたい」と思うような人間だ
・パートナーのよい判断に私はおおいに信頼を置いている

「情熱的な愛」が長続きしない理由は、進化論や生理学を用いて、そして日常生活からも説明できます。それにあえていわせてもらうなら、私たちがパートナーに夢中で1日に何度も（しかも毎日）セックスするような状態が続けば、仕事の生産性が落ちるし、子どもや友人

や自分の健康に気を配ることができないでしょう。

２００４年に公開された映画、『ビフォア・サンセット』は、かつて恋人同士だった２人が10年後に偶然出会った話を描いたものですが、ここから台詞《せりふ》を引用してみましょう。たとえ情熱が色褪せていなくても、「私たちの人生は、とくに何ごとも起こらずに終わったでしょう」という言葉です。実際、恋愛にのめり込むことには、依存症やナルシシズムといくらか似た性質があります。ほどほどにしなければ、最後には大きな打撃となるでしょう。

とにかく恋愛の始まりでは、明らかに強烈だった情熱も互いに惹かれ合う力も、２年も経てばおだやかなものへと落ち着いていきます。恋愛から、しっかりと信頼し合える人間関係や結婚生活に変わるのです。さらに、こういった感情の変化につれて全体的な満足感の低下が起こる場合が多くあります。新婚の時期にはよくあるおもしろいことや、楽しめたことが、家庭内の骨折り仕事に変わっていき、パートナーは最高の自分を見せなくなり、相手に対して敏感に反応することや、お互いを思いやる努力を怠ってしまいます。

幸いにも、進化心理学者がいうように、人間が生き残って繁殖するためには「情熱的な愛」と「友愛」のどちらも欠かせません。「情熱的な愛」は、私たちを刺激してカップルにさせ、新たな関係を築くためにエネルギーをすべてつぎ込ませます。一方、「友愛」は、遺伝子の複製をつくり（つまり、子どもをもつことです）、それが生き残って繁栄するまで長続きする、信頼し合える堅固なパートナーシップを育てるために大切です。どちらの愛の形も幸福の特徴をとらえているといえるはずです。おそらく、1つの愛はより刺激的で、もう1つはより深い意味のあるものです。

私の研究室で行なっている研究や何人もの同僚の調査では、信頼し合える男女関係が「快楽順応」することを克服したり、防いだり、またはせめて順応するのを遅らせたりする秘訣をいくつか明らかにしています。まずお勧めしたいのは、この本を読んでいるみなさんならすでに気がつかれているでしょうが、**「情熱が薄れるのは当たり前の現象だ」と悟って、男女関係に忍び込んでくる安定を受け入れることです。**落胆や不満の根底にある幸せについての誤った思い込みに気づけば、自分の経験についての理解が深まり、しかたがないことだと思って、もっと成長できるでしょう。

そしてその次の段階で難しいのは、パートナーを（それから、人生のほかのいろいろなことも）だんだんと当然のものと受け止めるようになるにつれて、ひたむきな努力が必要になることです。これは結婚している間、ずっと必要とされるかもしれない努力です。実をいえば、この章のテーマである「危機的な状態の回避」がすでにうまくできる人は、ずっと前から、慣れないようにするための理想的な方法に取り組んでいたことになるでしょう。

なぜ、「よいこと」にも適応してしまうのか？

35歳で子ども向けのフリーランスの写真家をしている、ジェニファーの話を紹介します。

私は8年前、独立記念日のあるバーベキュー大会でキースと出会ったんです。その日はほかに何も予定がなく、家でじっとしているのも暑過ぎたから、ルームメイトにくっついてそこへ行きました。知り合いもいなかったので、私はエアコンの効いた家の中でのんびりして本棚の小説をパラパラとめくったりしていました。そこへキースがやって来たんです。ハリー・ポッターみたいな眼鏡をかけたキースが。やせてとても背が高くて、すぐにもカットが必要といった感じのくしゃくしゃの茶色の髪で、きさくな感じでした。キースに笑いかけられると、私は全世界が微笑んだように感じました。

こんなふうにして私の人生で最もワクワクして刺激的なときが始まりました。キースに熱心に求められ、彼と恋に落ちたんです。毎日、毎週、楽しみなことがありました。時は瞬く間に過ぎました。私は仕事になんかとても専念できませんでした。彼と私は鞘《さや》の中の豆みたいにいつも一緒でした。キャンドルを灯したディナーを何度もとり、キースはカレーをルーからつくってくれました。ときどき、午後に仕事をサボってアパートで愛を交わしたこともありました。

私たちはお互いの考えを打ち明けたり、思春期のトラウマのことを議論したりしました。私はあらゆる意味でより強くて幸せになり、前よりきれいになって自分にもっと自信がもてるようになったんです。

もちろん、「初めてのもの」というのがいくらでもありました。初めてのキス、初めてキースが「愛しているよ」と言ってくれたこと、ラスベガスに行った初めての旅行。言うまでもないけれど、「初めてのもの」の特徴は、それが一度しか起こらないことです。

でも、時が経つにつれて、また私たちの関係が進展するにつれて、すばらしい出来事は以前ほど頻繁には起こらず、前ほど強烈なものでもなくなりました。キースは日に何度も「愛しているよ」と言わなくなりました。

そのうち、私は愛のある関係に慣れてしまいました。いよいよキースがプロポーズして、アパートの部屋を飾りつけてしまうと、私はさらに多くを求めるようになりました。つまり、結婚することと子どもをもつことです。

今日では、キースや息子たちと私の暮らしには何も問題はなさそうです。ただ、つき合ったばかりの頃には二度と戻れないという、胸を刺すような痛みを別にすれば。あの当時はいくらでも自由な時間がありました。コーヒーを飲んだり映画を観たり、旅行をしたりする時間が。

いまの私たちにはあまりにも多くの責任や雑用がのしかかっています。平日はまともな会話もしないで過ぎていくこともあるし、キッチンでただすれ違うだけということもあります。いまではお互いに失望するときもあります。前みたいにいつも気を配るということはなくなったし、寛大でもなくなりました。

キースが魅力的な女性をきょろきょろ見ているところも目撃するけれど、嫉妬心すら感じません。なぜなら、私も魅力的な人を見てしまうからです。それにキースが離れていくことなんてないと、安心してるんです。そういうわけで、どうしたら私たちはお互いにドキドキできるようになるでしょうか？　いまでは楽しみにできることなんてどれぐらいあるのかしら？

ジェニファーの経験はきわめてありふれたものです。ほとんどの人はやがて結婚生活やパートナーに慣れてしまうでしょう。科学が「適応」という現象についての理由を説明しています。そこで説明されていることはあまりうれしくないかもしれませんが、普遍的ともいえるこの問題に取り組む方法も明らかにしています。病気を理解すれば、治療法がわかるように、心理学的な現象を理解すれば、巧みに対処するための知恵を得られるようになるのです。

私はそのために協力者のケン・シェルダンとともに、「適応」を妨げたり防いだり、「適応」するのを遅らせたりする方法を開発しました。この後にあげるのは、私たちの理論に則った実際的な戦略の数々です。もし、あなたが次のような言葉を口にするとしたら、その戦略はきっと役立つでしょう。

「理想の人を見つけたら、ずっと幸せでいられると思ったのに、いまの私は満足していないし、退屈している」と。

「感謝すること」の科学的な効能

「パートナーに慣れてきたこと」に自ら気づくための1つの手がかりとして、「相手に感謝しなくなること」があげられます。誰かに心から感謝すれば、その人の価値を認め、ありがたいと感じ、一緒の時間を存分に味わい、自分の人生に相手が与えてくれたすばらしいものにずっと敏感でいるはずです。

たとえば、結婚したばかりの頃は、環境の変化が新鮮で夢中になったでしょう。「夫婦」という言葉を口に出すのがうれしくて、結婚生活から得られるあらゆる恩恵を意識し、感謝せずにはいられなかったに違いありません。パートナーが誇らしくて、いつもではないとしても、相手のことをしょっちゅう考えていたでしょう。

でも、やがて「夫」や「妻」と呼ばれることや、パートナーと一緒の食卓につくこと、1日の終わりに心のこもった挨拶を交わすことは、目新しいものでも、驚きに満ちたものでもなくなります。そして日常生活では、結婚とまったく無関係なところでイライラさせられたり、ワクワクさせられたりすることが続きます。たとえば、仕事での手違いとか、車のトラブル、ジムで運動プログラムの効果が上がったことなどです。そんな日々の出来事にストレスを感じたり、おもしろいとかうれしいと思ったり、安心したりといろいろな心の動きがあります。やがて「新婚」という事実の影も薄くなっていき、人生の背景になってしまうかもしれません。

でも、ここで教訓として、お伝えしたいことがあります。それは、**夫や妻に感謝して「ありがたい」と感じ、ちゃんと相手に気を配るという態度を続けられれば、一緒にいても「当たり前だ」とは思わない**ということです。私の研究室もふくめたさまざまな研究から、この考え方が正しいことは裏づけられています。つまり、**人生における好ましい変化に感謝し続ける人は、その状況に慣れにくい**のです。

「感謝の気持ち」がとても重要なことには、4つの理由があります。

第1に、**パートナーとの関係に感謝をすると、最高の満足感が得られる**のです。相手との関係を「ありがたい」と思い、楽しんだり味わったりでき、当然のこととは思わなくなります。

第2に、**自分自身にもっと自信がもてるようになり、まわりの人との絆をいっそう実感するようになる**のです。

第3に、**感謝を表わすと、自分もパートナーも、「この関係を大切にしよう」という意欲が湧いてくる**のです。

第4に、**感謝をすることで、わがままになり過ぎることもなく、あまり他人と比較することと（「私の夫と違って、友人のケリーのご主人はどんな料理でもつくってくれるのよ！」な**

ど）や、うらやむことがなくなるのです。

ちょっと立ち止まって自分たちの関係のポジティブな面に感謝し、それを「贈り物」や「恵み」として評価し直して、いまあるものに目を向けてください。友人や隣人がもっているものや、ほしいと思っていたものに気をとられてはいけません。

このことで、ほかにも私自身のいろいろな経験や同僚たちのさまざまな研究結果などからわかったことがあります。たとえば、1週間～12週間にわたって、週に一度、自分が恵まれている点を数えるとか、親切にしてくれたり、大切にしてくれたりした人に感謝の手紙を書くというように、**定期的に好意や感謝の気持ちを示した人々は、もっと幸福でより健康になります**。そして感謝の気持ちを表わしてから半年経っても、ずっと幸福は続いているのです。

これは「ポジティブな状況（結婚など）に感謝すれば、その状況には順応しにくくなること」を説得力をもって示しています。パートナーや結婚生活への感謝の気持ちを書き留めておくとか、パートナーに感謝の手紙を書く（相手に渡さなくてもいいのです）といったシンプルな行動が非常に効果的なこともわかっています。

心から感謝を示してパートナーとの関係を楽しむために、もう1つの方法があります。それは、**「いまの生活から、この関係がなくなったら、どうなるか？」を想像してみることです**。もし、夫に出会わなかったら、どうなっていたでしょう？　もしも出会わなかったら、現在の生活のいろいろなすばらしいことが起こらなかったかもしれません。あまりやり過ぎなければ（やり過ぎると、「いまの生活に自分がふさわしくない」と思ったり、「すべてを失わないか」と心配したりします）、このいわば「引き算のテクニック」は、ストレートに感謝を示そうとすることよりも効果的でしょう。

マンネリ化を避ける特効薬は「変化をもたせること」

人生における変化のすべてに同じような「快楽順応」が起きるわけではありません。ケン・シェルダンと私が一緒に行なった研究では、「たとえば、もっといいアパートメントに引っ越す、切望していたローンを組むなど、自分からは変更しにくい人生の変化よりも、たとえば、語学の講座をとるとか、友人をつくるなど新しい活動と努力を伴う変化のほうが実験の参加者たちのマンネリ化が少ないこと」がわかりました。さらに、「活動を伴う変化」によって、人々の幸せは長続きする、と考えられています。実験の参加者は、新しい活動を起こして6週間～12週間経っても、依然として前よりも幸せを感じていました。

「変更しにくい変化」の場合、6週間～12週間経つと、早くも参加者たちの気持ちはその変化に適応してしまうようです。さらに興味深いこともわかりました。たとえば、定期的に新しい人に引き合わされることなど特別な人生の変化によって、生活がバラエティに富んだり、そうした人生の変化に感謝し続けたりしている、と報告した参加者は、変化から最大の幸福を引き出せるらしいということです。

この研究は、**結婚生活のマンネリ化を避けたいなら、生活に変化をもたせて活気づけることが大切**だと教えてくれます。実際、そもそも「適応」とは、私たちが絶えず、あるいは繰り返し何かに接しているときに起きます。週末の夜には一緒にディナーをとって映画を観るというデートを繰り返していると、パートナーに感じる親しみや配慮の気持ちが変わり映えしなくなるでしょう。「変化」というものには、考え方や感情や行動を変えることがもともと刺激的で有益だという性質があります。

確かに、刺激を与えることによって、私たちの脳、とりわけ、神経伝達物質のドーパミンが必要な活動には、薬物でハイになったり、ポジティブな感情をもったり、見返りを求める行動をとったりするのと似た影響を与えられるようです。だから、パートナーと一緒の活動に変化をもたせる、気持ちの持ち方を変える、おおらかな気持ちでいるなど、いろんな行動をとることによって、結婚生活やパートナーと過ごす時間を最高にワクワクするものにしたり、幸福感が続くのを（少なくとも部分的には）助けたりできるのです。

これはありふれたアドバイスに思われるかもしれません。でも、変化をもたせることで、間違いなくパートナーとの関係や愛を新鮮で意味のある、ポジティブなものに保てるのは事実です。

私が学生たちと行なった実験から、簡単に分析してみましょう。その実験では、10週間にわたって毎週、「親切な行動をいくつかとるように」と参加者に指示しました。ある参加者たちは「行動の種類を変えること（たとえば、ある日はペットに特別なごちそうをやり、次の日はパートナーのために朝食をつくるといったふうに）」を指示されたのに対して、「毎回同じような行動をとるように（たとえば、パートナーに毎回毎回、朝食をつくる）」と指示された人たちもいました。予想通りともいえますが、**幸福度が高まったのは親切な行動に変化をもたせたほうの人たちだけ**でした。

「予期せぬ驚き」が喜びを何倍にも高める

結婚生活の喜びを長続きさせる（そして「快楽順応」を避ける）ために、もう1つとても重要なことがあります。それは「意外性」という要素です。「変化に富むこと」と「驚きを与えること」はとてもよく似た概念のようですが（そして確かに、この2つはよく一緒に起こりますが）、実は、まったく違うものなのです。たとえば、ひと夏にあなたが観たかもしれない、いくつかの映画のように、さまざまな出来事は変化に富んでいるかもしれませんが、「驚き」を与えはしないでしょう。また、思いがけない告白など、ある出来事が意外なものだとしても、そもそもそれ1つだけでは変化はたかが知れています。

つき合いが始まった頃は、数えきれないほどの驚きがあるでしょう。「手品に興味がある」と話してあげたら、彼女はどう反応するだろうか？　彼女はこんなふうにふれられるのが好きかな？　僕と同じくらい、彼女も子どもがほしくてたまらないだろうか？　彼の友人や家族って、どんな人たちなの？　「新しいつき合い」は、新しい仕事や趣味や旅行と同じように、たくさんの驚くべき経験や挑戦や、魅力的な点、新鮮な機会をつくり出すという面をもっています。

さらに、「新しいつき合い」には、研究者が「不確かさの魅力」と呼ぶ面があります。パートナーのことをあまり知らないとき、人は自分が見たいと思うものを相手から読み取ろうとする傾向があります。でも、時が経つにつれてパートナーについて何でもわかるようになり、決まりきったことしか起こらなくなって、驚くようなことが減り、ゼロになる場合さえ出てきます。夫や妻について知るべきことを全部知ってしまった、と感じるときがくると、もう意外なことなど起きないと思うかもしれません。

では、「驚き」というものは何がそれほど特別なのでしょうか？　「彼が他人にこれほど親切だなんて知らなかったわ」などと、日々の暮らしの中で何か目新しいものに気づいたとき、私たちは思わず姿勢を正して注意を向けます。そうした新鮮なもののよさを認め、じっくりと考え、記憶にしっかりととどめます。

このように、強く感情をかきたてられ続ける結婚生活なら、それを当たり前のものと見なすことが少なくなるでしょう（この考え方はネガティブな反応にも当てはまることを頭に入れておくべきですが、もちろん、ここではポジティブな反応を指しています）。さらに、予測できない、ということ自体が、ポジティブな出来事の喜びを高めてくれます。

ある実験によると、**「喉が渇いた参加者に『やっと何か飲めますよ』と言ったとき、何を飲めるのか知らない（つまり、水が飲めるのか、もっとおいしい飲み物をもらえるのか）人のほうが、ポジティブな感情とつながる脳の部分がより活性化したこと」**がわかりました。

結婚のゴールはパートナーとのつき合いの中で、意外なひとときや思いがけない喜びをもっとつくり出すことです。気持ちを燃え立たせ、満足を与えてくれる驚きを生み出すことなのです。

「慣れ」を避けるスパイスは、ひとつまみの「新鮮さ」と「驚き」を少々

「もっと大らかに行動しなさい」というアドバイスを聞くと、たいていの人はちょっと意外だという反応を示します。「日常生活の中で驚くようなことを意識的にやりなさい」とか、「変化をもたせるようにしなさい」と勧めても、似たような反応が返ってくるかもしれません。基本的には私もそのような反応がわからなくはないのですが、そういうアドバイスに従うのは思ったほど難しくないのです。もちろん、ただのんびり構えて、驚くようなこと、謎めいたことや偶然の出来事が自分の生活に現われないかと願っても、うまくはいきません。**効果があるのは、役に立ちそうな活動に変化をもたせ、驚くような経験を盛り込むことです。**

パートナーとこれまで行ったことのない土地へ旅に出ることなら、簡単にできるでしょう。

同じように簡単なのは、もっと多くの知人や友人とつき合いを楽しむとか、新しい機会や冒険を受け入れることです。たとえば、あなたがジムで出会った人から、おもしろそうなパーティに、同棲している恋人と2人で招かれたら、ぜひ行ってみてください。最近、近所にオープンしたレストランの話を聞いたら、2人で行ってみましょう。

目新しいものを取り入れたいなら、パートナーについて新たなものを見つけようと懸命に努力してみるのです。たとえば、来週は毎日、パートナーについて何か変化を見つけるようにしてみましょう。このとてもシンプルな方法のおかげで、パートナーをいっそう魅力的だとか、すてきだと思うようになるかもしれません。日曜日の新聞をパートナーと一緒に読むたび、キスするたび、パスタをつくるたび、前に同じ行動をとったときと違いはないように思えても、それぞれが実はまったく違うものだと考えてみましょう。

この考え方を裏づける研究結果があります。その研究では、たとえば掃除機をかけることや、通勤やアイドルオーディション番組の『アメリカン・アイドル』を観ることなど「自分が大嫌いな活動を1つ選んで、それをやっている間、目新しいことやこれまで気づかなかった点を3つ見つけなさい」と参加者に指示しました。「目新しいものを探すように」と求められた人たちは、「掃除機のブンブンいう音を聞いていると、小学校2年生の頃に戻るみたい」とか「司会者のライアン・シークレストがこんなに無愛想だったなんて気づかなかった」など、大嫌いだった活動が前よりも好きになり、自分の意志でそういった活動を繰り返すようになったのです。

「人や物に慣れてしまうのを避けるために、決まりきった手順を乱す」というテクニックがあります。興味をそそられる一連の研究からわかったのは、**ポジティブな経験を邪魔されたほうが、それをもっと楽しめる**、ということです。

初めのうち、この意見は直感に反するように思われました。気持ちいいマッサージを受けているときや、とてもおもしろい映画を観ているとき、申し分のない天気の日に渓谷を楽しくハイキングしているとき、いまの行動を一時的に止められることは何よりも不愉快なことでしょう。しかし、マッサージをしてもらっていて20分間の中断があったときのほうが、人々はより楽しむことがわかっています。また、テレビを観ていてコマーシャルで邪魔されたときのほうが番組をより楽しめ、音楽を聴いていて曲と曲の間に20秒間の空白があると、音楽をさらに楽しめるのです。

物事を中断すると、リラックスして体験していたものがリセットされ、もっと高いレベルの喜びに変わります。たとえば、マッサージやおもしろい話が遮られると、再びそれを得ることへの期待が増すように。それに、まだ残っているものを味わう機会が与えられるということもあります。哲学者のウィリアム・ジェームズは「日課を崩すことによって、退屈な活動を生き生きさせるように」と助言しましたが、彼なら前述の考えに心から賛成したでしょう。

「愛について」は、その筋で有名なニューヨーク州立大学ストーニーブルック校のアート・アーロン教授がこんな主張をしています。結婚生活で退屈しないためには、彼が「拡大活動」と呼んでいるもの、刺激的で、新しい経験ができて新たなスキルを教えてくれるものに夫婦で参加すべきだと。そしてお互いが成長できるように挑戦すべきだというのです。

アーロンは次の実験をしました。それは何組かの夫婦に彼の研究室に来てもらい、夫と妻の双方にとって目新しくて興奮させられる7分間という非常に短い時間の課題をやってもらう、というものでした。慣れない部屋の中で夫婦がともに7分間やり遂げられるような興奮をかきたてる活動を思いつくのは大変でしたが、研究者たちは風変わりな興奮を得られるものを考え出しました。

それは企業が行なうチーム育成の研修に参加したことのある人なら見覚えがありそうなものです。9メートル四方の運動用マットを床に敷いて、あちこちに障害物を置きます。そして、パートナーの片方の手首と片方の足首をそれぞれマジックテープつきのストラップで結びつけ、ずっと四つん這いで進む、というものです。進む間、円筒形の枕を2人の体や頭で挟んで運び続けなければなりません。もう一方はわりとありきたりの活動で、やはり運動用マットを這って進んでいくのですが、主な目的はお互いの間にボールを転がし合うことです。

ちょっとつき合っているだけのカップルであれ、長年夫婦として暮らしている2人であれ、目新しい活動を一緒にした人たちからは、ありきたりの活動を一緒にした人たちよりも、終了後にこんな感想が多くきかれました。「パートナーが幸せになれることをしていると、私も幸せを感じる」とか、「パートナーのことを思うと、ぞくぞくしたり、心臓がドキドキしたりするわ」と。さらに印象的だったのは、**「将来の計画」について語る様子を観察者が見ていると、ありふれた活動に参加したカップルよりも、興奮を伴う活動に参加したカップルのほうがお互いに対してよりポジティブな態度を示した**、という事実があります。

驚くべきことに、これほど短い時間の活動でも、その効果が7時間も続いたのでした。だからといって、マジックテープや円筒形の枕を買ってきなさいとお勧めしているわけではありません。パートナーとの関係を同じように向上させられる効果は、夫や妻とただ座って、どちらもワクワクさせられる活動を2人でリストにしていても得られるのです。

◉情熱が冷め、パートナーとのセックスにも慣れてしまったら?

幸せそのものという結婚でも、しばらく経つとパートナーと過ごす時間に前ほどは幸せな気持ちをかきたてられなくなります。残念ですが、このような自然の流れの結果、「人は、やがて夫婦間のセックスでも以前ほどの喜びを得られなくなる」という事実が次々と明らかになっています。そう聞いても、驚くことでも狼狽《ろうばい》すべきことでもなく、当然だと思う人が多いでしょう。胸がドキドキするような、芽生えたばかりの情熱に苦悩しているときは、いまの瞬間の感情や考え、空想にすっかり心を奪われているため、こんなに激しい感情が平静になる日がくるなんて想像もつきません。

あいにく、性的な情熱や興奮はとりわけ習慣化されやすいものです。官能的な写真を繰り返し見せたり、性的な妄想にふけることを指示したりして、性的興奮がどのように変化するかを追った研究室での実験では、「いろいろ質問したり、実際に生殖器の膨張状態を測定したりして判断した結果、時が経つにつれて男性も女性も興奮状態が沈静化すること」がわかりました。相手に慣れたところで、必ずしもその人を軽視しているわけではありませんが、無関心になることは確かでしょう。作家のレイモンド・チャンドラーの言葉にもこうあります。

「最初のキスは魔法だ。2度目のキスで親しみを感じる。3度目のキスは惰性だ」

対照的に、目新しさは強烈な「催淫効果《さいいん》」をもたらします。その一例が「クーリッジ効果」と呼ばれるもので、こんな話があります。

ある朝、元アメリカ大統領のカルビン・クーリッジと夫人のグレイス・アン・グッドヒューがケンタッキー州の養鶏場を訪問しました。見学しているとき、クーリッジ夫人は農夫に、「雄鶏《おんどり》がそれほどいないのに、どうしてこんなにたくさんの卵が産まれるのですか？」と尋ねました。すると農夫は誇らしそうに説明したのです。「うちの雄鶏は毎日、何十回もお務めを果たすのですよ」と。

それを聞いて、とても感銘を受けたクーリッジ夫人はあてつけがましい口調で言いました。「その話を主人にしてやってちょうだい」。雄鶏のお務めについての夫人の意見を盗み聞きしていたクーリッジ大統領は農夫に尋ねました。「雄鶏は毎回、同じ雌鶏《めんどり》と交わるのかな？」「いいえ、とんでもありませんよ、大統領」と農夫は答えました。「毎回、違う雌鶏が相手でして」。大統領はゆっくりとうなずいて微笑し、こう言ったのです。「その話を家内にしてやってくれたまえ！」と。

この逸話の信憑性はともかく、「自分を受け入れてくれる新しいパートナーを紹介されると、哺乳類の大半が性的欲望や性衝動を取り戻す」という現象の名前がこの話に由来しています。人間は雄鶏や雌鶏と同じように、「クーリッジ効果」の影響を受けやすいようです。実際、進化生物学者たちは、「性的な変化が多いほうが進化的に適応する」と仮定しています。そのおかげで先祖代々、近親相姦や近親交配を避けてこられたからです。これは、配偶者がきょうだい同様におなじみの存在となったとき（つまり〝家族〟になったとき）、人は相手に対して性的に惹かれなくなる、という考え方です。

この考え方を裏づける数多くの研究が行なわれています。それによると、**性的欲望や性的**

満足感、またセックスの回数は、関係が続く長さに比例して減少していくそうです。意外にも、このパターンは1年ほどしかつき合っていない大学生（とりわけ女性）にも当てはまります。実は、ことセックスに関しては、一般的に思われているほど年齢は重要な要素ではありません。たとえば、あるカップルのセックスの頻度を予測したいのなら、彼らの年齢よりも、交際期間を基にして考えたほうが正確な答えが出るでしょう。

男女のこのような関係については、「情熱的な愛が長続きしない」という、明らかに論議を醸しそうな事実をはじめとして、問題がいくつかあります。さらに、この「快楽順応」がとても人間的で自然でありふれていることを忘れがちなせいで、セックスの頻度や欲望が減少し、結婚生活の理想の姿という空想が壊されたことについて、自分（またはパートナーを）をつい責めてしまいがちです。そうして悪循環が続くかもしれません。

つまり、「性的な情熱が減ったのは男女関係に問題がある証拠だ（適応してしまうという、当たり前の過程に過ぎないのに）」と見なし、「そのせいでいまの関係にいっそう満足できなくなり、性的欲望がさらに弱まる」というふうに。アメリカでは『セックスに飢えた結婚生活』といったタイトルの本がベストセラーになっています。というのも、私たちの多く（そう、ほぼすべての人が）、一度や2度はこの問題に直面しているからです。

ほかの根本的な問題として、ジェンダーの違いに関わるものがあります。「性的な行動」について論じる際に男女の違いが語られるのを聞いても、ショックを受ける人はいないでしょう。でも、研究の結果から問題になっている男女の違いについて聞けば、あなたも驚くかもしれません。まず、それほど意外でもないものから始めましょう。多数の研究から確かめられたのですが、女性に比べて男性は性的妄想を抱く回数が多く、性的欲望がより強く、セックスについて考えることが多く、もっとたびたびセックスしたいと思うことも多いそうです。

このような結果と一致していますが、臨床的な研究を行なったところ、一見して議論の余地もない事実で、政治やスポーツや映画の世界で活躍する有名人はいうまでもなく、女性よりも男性のほうが結婚生活から逸脱する率がはるかに高いそうです。さらに、女性の浮気の場合よりも男性の浮気（実際に行動に移した場合）では、性的な関係にある相手の数が多いようです。

それゆえ、同じ相手とのセックスには、女性よりも男性のほうが早く慣れてしまう、というのは理にかなっているでしょう。しかし、研究者たちは、その逆が正しいのではないか、と思い始めています。つまり、適応が早いのは女性のほうだ、というのです。これも研究結果からわかっています。

第1に、**長期にわたる関係では、男性よりも女性のほうがセックスへの関心を早く失いがちで、その結果、セックスをしなくなるため**です。

第2に、**生理学的には男性よりも女性のほうがより範囲の広い刺激に欲望をかきたてられ、**

見知らぬ人とのセックスという妄想に興奮する人が多いためです。つまり、生理学的には、女性はおなじみのパートナーに興奮する度合いがだんだん減る現象が加速化しているかもしれない、ということです。

第3に、**女性の欲求は、力強くて性急な欲望の対象になりたい、という切望感だけだと見なされてきたため**です。つまり、「奪われたい」「求められたい」「必要とされたい」という感情です。夫は結婚の誓いで、性的な関係は永遠に妻とだけ結ぶと述べます。だから妻は、たとえば今度の金曜日の夜に愛し合うと夫が決めた場合、これは彼が私のことを強く求めているという欲望のサインなのよ、と必死に自分を納得させなければならないでしょう。

このようなことが理由となり、セックスに関する研究をしている心理学者のマルタ・ミアナは、「男性よりも女性のほうが、性的衝動をかきたてるためにより強烈な刺激を必要としている」と主張します。

◉「情熱」が長続きする2つの関係

「情熱」が長続きする関係には2種類あります。

1つは、**あまり期待せずに始まり、愛情や欲望がとてもゆっくりと育っていった関係**です（たとえば、お見合い結婚など）。もう1つは、**決して安定しない（不安定だったり、虐待さ**

れたりする、断続的な恋愛）という特徴を備えた関係です。けれども、このような男女関係はたいていの人にとってあまりにも犠牲が大き過ぎたり、受け入れることができなかったりするものでしょう。では、愛情があって安定し、信頼し合った男女関係ならどうでしょうか？

少数とはいえ無視できない数の夫婦が、「配偶者との性生活は結婚して数十年経ってもいまだにすばらしい」と明言しています。たとえば、平均結婚年数が9年の夫婦156組を調査したところ、**恋愛の初期に度を越して相手に夢中になる事実などはなかったにもかかわらず、そのうちの13パーセントが強い情熱を維持していることがわかりました。そのような人たちの秘訣を知ることが重要でしょう。**

シェリー・ゲーブル教授の研究室が示してくれた1つの教訓から考えてみましょう。大半の人は自分たちの関係に目標をもっています。ゲーブル教授と彼女の研究室の学生たちは、「接近目標」をもつ人と、「回避目標」をもつ人との違いの研究に関心を抱きました。「接近目標」型の男女関係は、自分たちの関係において楽しみや成長、親密さといったポジティブな経験をしようと努力するものです。それに対して「回避目標」型の男女関係は、相手と衝突したり、拒絶されたりすることを避けようとするものです。

たとえば、パートナーとの関係をより深く温かいものにし、2人で成長するためにいろいろ工夫しようと自分に言い聞かせるなら、「接近目標」をもっていることになります。もし、意見の不一致やケンカを避けて、自分たちの関係に何も問題が起きないように努力することにエネルギーを注ぐなら、「回避目標」をもっているわけです。どちらのタイプの目標にも利点はありますが、**「接近目標」をもつ人々（配偶者との関係だけでなく、友人や子ども、上司との関係でも）のほうが男女関係における満足度が高く、ポジティブな態度を示し、孤独や不安定さを感じにくい傾向にあること**がわかっています。

このようなさまざまな種類の目標は、長続きする情熱とどんな関係があるのでしょうか？　ゲーブルの主張によれば、「パートナーとのポジティブな経験を追求することが一番の原動力だ」という人は、結婚生活にポジティブさや親密さを取り入れるのに、性的な行動が理想的な方法だと見なすそうです。その結果、セックスについてもっと考えるようになり、パートナーを喜ばせようとか、親密な関係を築こうといった目的でセックスの回数を増やそうと決心することもあるでしょう。

この考えが正しいかどうか確かめようと、ゲーブルと彼女の助手たちはいくつもの研究を行ないました。そして実験の参加者たちの性的欲望を毎日、または週2回を基準として追跡しました。また、「〝パートナーへの愛を示すために〟セックスした」VS「〝パートナーが気を悪くしないように〟セックスした」という2つの性的な目標を通して、参加者の「接近目標」または「回避目標」を追ったのです。

パートナーとの関係に「回避目標」をもった参加者の性的欲望は、半年間にわたる実験の中で減少していきました。けれども、「接近目標」をもった参加者は、性的欲望がまったく減少しませんでした。さらに、性的欲望とパートナーとの関係におけるさまざまな出来事（休暇の計画をめぐってケンカしたこと、共通の友人が思いがけなく訪ねてきたことなど）を日を追って調べていくうちに、「回避目標」をもつ人々に比べて、「接近目標」をもった人々は調子のいい日には普段よりも強い情熱を感じ、調子の悪い日でも予想されたほど情熱が減少しないことがわかりました。これは有望な発見でしょう。**パートナーとの関係においては、ネガティブな経験を避けるよりも、ポジティブな経験を増やす努力をするほうが誰でもうまくいくことが暗示されているのです。**

◉「親密な関係」を育む3つのテクニック

ここでは、残念な事実をお話しすることになります。それは、**よく見積もっても、大方の結婚は「まあまあの状態」に過ぎない**、ということです。大きな危機やパートナーの裏切り、性格の不一致といったものは起こらず、退屈や不満足をだんだんと意識するようになります。しかも、衝撃的な経験がとくにないことによる影響を知らず知らずに受け始め、明らかに些細なことに不満を抱く自分に罪悪感をもつようになるでしょう。

しかし、不満とは些細なものではないのです。それがパートナーとの関係で重要な分岐点を示しているかもしれません。ですから、**不満の大半が「快楽順応」の過程から始まることや、そんな適応は自然だし、予想できるものである、と意識することが大切です。**そして、前述したような、適応を遅らせたり、弱めたりでき、実験によって有効だと判断されたステップを踏むことです。

これまで多くの理論家や臨床心理学者、結婚関連書の作家によって提案されてきた、親密な関係を強めるための考え方として、「念入りにコミュニケーションをとる（つまり、きちんと話に耳を傾け、賞賛の気持ちを伝え、相手を理解し、愛情をもつ）」「相手を励ます」「お互いの夢や習慣や責任を分かち合う」といったものがあります。「快楽順応」しないことを直接的な狙いとしたものではありませんが、こうしたテクニックによって関係が惰性に流れにくくなることは知られています。それ以外に、効果が証明された方法をさらに3つ紹介しましょう。

(1) パートナーの「よい知らせ」を一緒になって喜ぶ

私が気に入っている研究の1つは、「カップルがポジティブな経験をどのように分かち合っているか」というものです。結婚生活のすばらしい利点の1つに、ストレスを引き起こしたりネガティブになったり、トラウマになりそうだったりする出来事に直面したときに、頼れる人がいることだ、というのは多くの人が賛成するでしょう。自分の身に起きた最悪の事柄に対処する手助けをしてほしいとパートナーに頼る。そして、どれくらい力になってくれるか、同情を示すか、思いやりを見せるかという点でひそかに相手を採点することはよくあります。

その一方で、最高の出来事をパートナーと分かち合おうとするのもしばしばあることです。実際、よいことをパートナーと日常的に分かち合おうとする人は、研究当時で70パーセント～80パーセントいました。意外にも、**最も親密で信頼できる関係は、パートナーがお互いの失望や喪失や挫折にどう反応したかではなく、「よい知らせにどう反応したか」によって見極められていること**がわかっています。

幸せな関係だとカップルは積極的で、前向きに、お互いの幸運や成功に反応することが判明しています。「会社で昇進したよ」と夫が妻に話したとき、喜びや熱意にあふれた質問をされれば、自分の業績が妻にとっても意味があるものと思われている、と受け取るでしょう。そして昇進したことをよりすばらしく感じ、重要性が証明され、妻が自分のことを大事にしてくれている、と夫は思うはずです。

残念ながら、私たちはパートナーのよい知らせに、いつも最高の態度で反応するわけではありません。それどころか、関係を損なうような反応に終わる場合もあります。このことについて研究からわかったことがあります。たとえば、パートナーの昇進を知ったとき、熱意をあまり見せないとか、全然見せないなど、それに対する反応が控え目だったり、「週末も働かなければならなくなるでしょうね」とか「私たちは引っ越さなければならないの？」などと昇進することによる面倒な点や不都合な点を指摘したり、あるいは何も言わなかったりすると、パートナーとの関係における幸せや温かさや信頼が損なわれてしまいます。

つまり、パートナーのよい知らせを高く評価することは、お互いの関係を強め、「快楽順応」を妨げることになります。ある研究からわかったのは、どれほどささやかなものでも、パートナーのよい知らせに心からの熱意を見せ、それを支持し、理解してあげようと1週間にわたって、1日に3回そのような行動をとる人々は、より幸福になり、より落ち込みが少なくなるということです。この行動を始めるのに、遅すぎるということはありません。

(2) パートナーが「理想の自分になる」のを助ける

パートナーとの関係では、「ポジティブな行動が大切だ」といわれたり、よく本に書かれたりしますが、それは私が述べた、相手を高く評価し、よさを認め、尊敬し、元気づけ、理解することと似ています。

人は、自分の野心や願望を実現しようとするとき、これから踏まなければならないすべてのステップや、奮起しなければならないすべての努力に注目しがちです。軽視しがちなのは、自分に最も近い人々が目標の達成に大いに力を貸してくれることです。私たちが人格を形成したり、新しい手段を獲得したりする際、どれほど成功できるかは、まわりの人によって方向づけられることがしばしばあります。とりわけ、親密なパートナーや配偶者による場合が多いでしょう。

研究者たちは、このことを**「人は、パートナーによって見出され、そこから引き出される資質を反映しているものだ」**と主張しています。これはフィレンツェのダビデ像を彫った、イタリアのルネッサンス時代の芸術家にちなんで**「ミケランジェロ現象」**というすてきな名前で呼ばれています。ミケランジェロはこう言ったと伝えられています。「私は大理石の塊に埋まっている天使を見つけ、彫り出して解放してあげるだけだ」と。私たちは彫刻家さながらに、パートナーが理想の自分自身を見つけられるように影響を与えたり、形づくってあげたりできるのです。

この方法は相手にわかるように行なうことも、さりげなく行なうこともできます。たとえば、夫が内気だとしたら、もっと社交的でもっと陽気になれるように手助けしてあげる。ディナー・パーティの客を夫が最も得意とする話で楽しませる機会を完璧につくるため、目立たないようにそんな会話へと誘導する。さらに、パーティのときに知っている人の隣に必ず座ろうとすることを夫にやめさせるなど、意識的にせよ無意識的にせよ目標を妨げる状況や行動から夫を遠ざけたり思いとどまらせたりすることによって、最善のものをもたらすこともできるのです。

「ミケランジェロ現象」が成功するとき、パートナーは自らが「なりたい」と思う人物に近づき、それによってパートナーとの関係は強まり、最終的に、個人としてもカップルとしてもいっそう幸せになれるでしょう。お互いを理想の自分に近づけるために配偶者が助けてくれると、より幸福になれるのは、目標が達成できるからだけではありません。心の底から理解してもらえていると感じ、満足して感謝の念を覚えるからです。

配偶者が自分をとても気にかけてくれて、支えになって励まそうと懸命に努力してくれることがわかると、私たちの愛情は育っていきます。そして自分が配偶者をサポートする側に回ったとき、「こんなに尽くしているのだから、ぼくは心から彼女を愛しているに違いない」などと、相手の支えになっているという気持ちから、より強力な愛情が生まれるのを感じ、「きみって、驚くほど創造的な人間だとわかったよ」などと配偶者へのポジティブな見方がますます高まるでしょう。さらに、親切にすることでポジティブな気分が高まって、社会的な絆が強まり、自信が生まれ、楽観的な気持ちが増える結果になることが多いのもつけ加えておきます。

(3)「相手にふれること」の力

「相手にふれること」の重要性について、恋人同士の間柄で考えると、セックスの話になる場合が多いでしょう。しかし、誰かに「ふれること」と「セックス」とを自動的に結びつけるのは残念なことです。というのも、背中を軽く叩く、手を握る、ハグする、肩に腕を回すなど、「ふれ合うこと」の重要性や効果について、ますます広く知られてきているからです。

こうした仕草はすばやく行なわれることが多く、意識すらされない場合もあります。でも、軽いふれ合いが目立たないものだからといって、重要ではないということにはなりません。実際、「ふれること」についての科学的な研究では、「まあまあの状態の結婚生活がそれによって救われる」とされています。

人間を「動物の生活」から見ると、肉体的な接触が重要であることは疑問の余地がありません。心理学から人類学、動物行動学にいたるまでさまざまな分野の研究者が、力や地位を相手に伝えること、いちゃつくこと、からかうこと、仲直りすること、元気づけること、協力することなど、特定の感情の伝達をふくめて、行動の幅広い範囲において相手にふれる行為がなされてきたことを観察してきました。

とくに、生まれたばかりの赤ん坊は、あらゆる感覚の中で「触感」が最も発達しています。ふれられることによって、赤ん坊は体も心もより健康になります。たとえば、早産で生まれた赤ん坊に対する、肌と肌をふれ合わせて抱く「カンガルーケア」の利点や、ふれられずに育った孤児に大きな害がもたらされる点について証明されています。

また、大事なポイントとして、有名な2人の臨床発達心理士が示した強力な証拠をあげましょう。それは**「どこかに帰属している」という健全な感覚を子どもが発達させ、世話をし**

てくれる人との関係に安心感をもつためには、体へのふれ合いが重要だというものです。たとえば、親がふれたり、抱っこしたり、抱き締めたりすることによって、子どもは安心し、守られている、と感じます。このような安心感をもつと、子どもはなじみのない状況の中でも自分で人生を切り開こうとか、リスクを冒そうという気持ちになれるのです。

「ふれること」の重要性は明らかだといわれながらも、実際にははなはだしく軽視されています。もちろん、日常生活でどの程度まで受け入れられるか、またその範囲については、文化的な（またはサブカルチャー的な）違いが大きいでしょう。たとえば、ギリシャやイタリアのカップルは、英国やフランス、オランダのカップルよりも、よく相手にふれます。

個人的な話ですが、私にもそういった文化的な違いを痛感させられた経験がありました。ロシア人の家庭で生まれた私は、キスだの抱っこだのと体にうんとふれられて育ちましたが、大学に入って初めて、誰もが自分と同じように行動するわけではない、と気づいたのです。

パートナーとの関係を退屈だと思ったり、無関心になっていると感じたりしたら、日常的にもっと相手にふれ（性的な意味ではなく）、愛情を示せば、ずっと失われていた深い情熱ではなくても、温かさや優しさを取り戻すうえで大いに効果があるでしょう。

研究からわかっているのは、**ちょっと相手にふれるだけでも、脳のある部分が活性化し、血液の流れに従ってストレスホルモンが減少して、ストレスに関連する脳の部分が活動しなくなるため、体の痛みも減ることです。**たとえば、配偶者にふれてもらうことで、おだやかな高揚感を覚え、疲れが減少し、不安や苦痛が減るのです。

さらに、**ふれ合いを通じて、配偶者は自分の気持ちも伝えています。**当たり前過ぎる意見かもしれませんが、「軽く腕を叩くだけといった仕草からでも、その人の感情がはっきりと読み取れる」という結果が実際に確認されています。たとえばこんな実験があります。スペインとアメリカから参加者を募集し、お互いに知らない人同士をペアにして実験室に招きました。そこで参加者はお互いが見えないように置かれた、つい立ての両側にそれぞれ座らされます。それからペアの1人は、つい立てに開いた穴から手を入れ、特定の感情を示しながら「向こうにいる相手の前腕にふれるように」と指示されます。

ふれられた参加者（ふれているところを眺めていただけの観察者も同様に）は、「ふれる」という仕草が伝える「愛」「感謝」「同情」「怒り」「恐怖」「嫌悪」という6通りの感情を読み取ることができました。さらに、パートナーの前腕だけでなく、（適切な場所なら）どこをさわってもいいと許可されると、参加者はもう2つの感情を読み取ったのです。それは「幸福感」と「悲しみ」でした。

「ちょっとふれただけで、はっきりと個々の感情を読み取れる」というこの能力は、私たちが自分自身を見つめようとしている人間関係の中で、計り知れないほど貴重なものでしょう。愛情を伝えるささやかなふれ合いだけで、ケンカを避けられるのです。感謝を伝えて軽く体を叩けば、親密さが高まります。配偶者が最近成功したことへの喜びをハグで伝えれば、満足感が強まるでしょう。

1週間ごとに基準をつくり、パートナーとの関係で相手にふれる割合を増やしてみましょう。たとえば、1週目はキッチンでパートナーとすれ違うたびに背中や腕を軽くなでてみます。2週目には、いつもふれられるくらい相手のそばに座ります。そして3週目は、パートナーと別れるときや会ったときに必ずキスをする、といった具合に続けていきましょう。もちろん、あなたやパートナーの個性や背景、家族としての歴史によって状況は異なります。また、性的な意味のないふれ合いを好むかどうか、人に見られてもかまわないかどうかによっても、かなり変わってくるでしょう。

チャンスに備えるために

あなたは、パートナーのことなどすべてわかったと思っているでしょうか？

理想の人を見つけて結婚し、幸せでした。でも、時が経つにつれて見返りは十分なものではなくなっていきます。良心の呵責《かしゃく》や不満を感じ始め、無関心や退屈さを訴えるようになり、もっと何かないだろうかと切望するようになるかもしれません。しかし、「結婚生活によってもはや幸せになれない」と気づいても、この世の終わりでもなければ始まりでもありません。この章では、パートナーとの関係を復活させるさまざまな方法を提案し、行動に移すための心の準備ができるようにしました。

多くの人にとって、人生に退屈したり不幸だと思ったりしたときの最初の反応は、「自分自身やパートナーとの関係に問題があるのではないか」と結論づけて、何かのせいにすることでしょう。最初の考えは、自分が（またはパートナーが）失敗したと思うことです。どんな変化なら可能で、どんな変化が不可能なのかを理解する前に、まずそのような最初の考えを押しやって、考え直した結果に気持ちを向けてください。

この考え方は道理にかなっており、「快楽順応」について学ぶことにも関係しています。「快楽順応」という存在に気づけば、自分もパートナーも気持ちが楽になり、結婚生活に慣れてしまうスピードを遅らせるための手段をとれるようになります。その時点で、パートナーとの関係をもっとポジティブに見られるようになるかもしれません。ポジティブな行動をとるには、「適応化」を妨げる方法を学ぶか、できるだけ早くパートナーとの関係を築く方法を身につけることです。どちらの方法から始めるかは好みや資質、必要性によります。

しかし、いろいろな努力をしてもうまくいかなかった場合、相手への関心や情熱を失ったことに打つ手はない、手を打つ価値がないなどという結論を出すかもしれません。さまざまな方法の中には、「パートナーと別れて新しい愛を探す」という選択肢もふくまれています。この方法で大きな幸福が得られる場合もあります。とはいえ、よく注意してください。その選択も大きな失望を味わう可能性もあるからです。昔の関係と同じように、新たな関係でも、情熱の高まりや減少という状態が見られることは当然考えられるでしょう。もう十分におわかりと思いますが、「適応」という自然な状態は間違いなく繰り返されるのです。そのことを知ったうえで、どう対処するかは自分しだいです。

誤った神話

05

パートナーとの関係がうまくいかなかったら、幸せになれない

学会ではよく知られている、ある有名な大学教授のエピソードです。

この教授の奥さんは毎日、買い物のことぐらいしか夫に話さなくなり、2人の会話はとだえがちでした。ある晩、その教授は演劇を鑑賞していた劇場で、突然その真実を理解したのです。彼が見ていた演劇では、男性の主人公が20代、30代、40代と年齢を重ねていく姿を演じていました。10年経つごとに、男性は静かな絶望にかられた人生へとだんだん進んでいきました。

劇が終わった後、教授はこう考えました。「私だってこうなるだろう」と。その夜、教授は「妻と別れよう」と決め、ミシガン州での仕事を辞めてニューヨークの故郷へ戻りました。いまでは教授も元妻もそれぞれ幸せに再婚し、お互いに千マイルも離れたところで新しい家族と暮らしています。

この話が少し極端なことは認めないわけにいきません。一瞬のうちに、間違った相手と結婚していたと判断し、その直感に従って行動する人はあまりいないはずです。もっとありがちなのは、そんな考えが何週間、何か月、あるいは何年も経つうち、表面に浮かんできたり消えたりすることです。実際、離婚を想像することはごく当たり前の行動です。そして意外でもありませんが、やがて離婚してしまう人がいることもごくありふれたことです。

離婚についての想像は、どこからともなく現われたわけではありません。自分たちの関係が危機に陥っていると気づく場合、1つかそれ以上の重要な出来事が引き金になることが多いでしょう。たとえば、孤独感や、まったく波長が合わないと思う、相手の幸せをもう気にしなくなる、相手の不倫に気づいた、などがそうです。

この章では、「結婚生活や長期にわたる恋愛関係で、解決できそうにもない問題に直面した場合」についてお伝えします。「家計のこと」や「どこに住むか」「子どもがほしいかどうか」という問題に関するパートナーとの意見の対立に悩まされている人もいるでしょう。あるいは、どちらかが元に戻れないほど変わってしまったり、浮気をしたり、恋に落ちたり、飲酒をやめられなかったりということもあるかもしれません。そんな場合はとてもつらくて、苦しい思いをしているに違いありません。

しかし、離婚を思い描いてみても、実際に行動に移すには二の足を踏む。それは「離婚すれば、家庭生活が永遠に損なわれる」と信じ込んでいるからです。でも、そのような不安や苦悩は「幸福に対する誤まった神話」につきものの、言葉にされない思い込みが大きいかもしれません。それは、「パートナーとの関係が壊れたら幸せになれない」とか、「離婚したら幸せになれない」といった思い込みです。

ほとんどの人が知っているように、愛が消えかけているとか、結婚が破綻しているといった経験は、そのどん底にあるときには痛ましいほどつらいものです。それでも人は生き延びるすべを心得、最悪の状況でも幸せを感じることさえできます。人間は、解決策を思いついたり、ポジティブな方向性を見つけたりするのがとても上手なのです。

そのような解決策や方向性について、これから「幸福に対する思い込み」に反論するとともに、難局にうまく対処して前進するための具体的な方法をお話しします。すばらしい結婚は翼を与えてくれ、最高の自分にしてくれるでしょう。問題のある結婚は拘束し、最悪の自分にしてしまいます。でも、問題のある結婚をしたからといって、人生が終わったわけでも、幸せになるチャンスが失われたわけでもありません。

研究から、「とるべき道はいくらでもあること」がわかっています。1つの道は、**「現在の関係にとどまり、それに順応すること」**です（以降で、もっと詳しく述べます）。別の道は、**「現在の関係から離れること」**です（これについても、のちほど詳しく述べます）。でも、最も楽観的な道は**「現在の関係を向上させ、強化すること」**でしょう。つまり、あなたの結婚生活を救おうと努力することです。まずはこの点から話を始めましょう。

◉パートナーとの関係を強くするには

「ポジティブな感情」は「ネガティブな感情」の解毒剤

パートナーと一緒に成長し、向上し合う関係を続けているなら、たいていの人はそのためのいろいろな方法を知っているでしょう。〈誤った神話4〉の章で述べたように、結婚や家族関係のセラピストはさまざまな方法をとるようにと勧めます。たとえば、パートナーの存在を当然だと見なさないようにすること、パートナーに賞賛の気持ちを表わすこと、パートナーと夢を分かち合うこと、そしてほかの人にも示すような親切をパートナーにも示すことなどです。

これらは「言うは易く、行なうは難し」です。難しい問題に悩まされたり、いまよりも荒涼とした未来を予測したりしているときには、ここにあげたような結婚生活でやるべきことのリストは荷が重過ぎるだけでなく、明らかに現実的ではありません。おそらく結婚生活において、「必要最低限の条件を満たす（サティスファイス）」（「要求を満たす（サティスファイ）」と「十分である（サフィス）」の合成語）ほうが簡単でしょう。つまり、まあまあの結婚生活で、まあまあの夫や妻をもった、まあまあの配偶者になるように努力する、というものです。

たとえば、いま最優先の目標は、「問題のある結婚生活でのネガティブな出来事に真っ向から取り組むこと」だとします。このような状況については、この後、「コーピング」と「許し」に関する項で、いくつか助言をするつもりですが、ポジティブ心理学者たちは幸福への道に通じる最高の方法として、**「問題に正面から取り組まず、横から近づくほうがいい場合もあること」を発見しています。別の言い方をすると、結婚生活でのネガティブなことや問題の修復に注意を向けるのではなく、ポジティブな感情やポジティブな考え方、ポジティブな行動を用いてこのようなネガティブなものを「中和」しよう、というものです。**

配偶者といるときにかきたてられる「ネガティブな感情（幻滅感や怒り）」を小さくしようと真っ向から取り組む代わりに、「ポジティブな感情（平静さや愛情）」を大きくして同じ目標を達成しようとするのです。「パートナーには価値がない」と、くどくど考えることなどネガティブな考え方を減らそうとまともに対処するのではなく、ポジティブな考え方がネガティブな考え方を消してくれる、というとらえ方です。未来は過去よりもよい、と考えるなどポジティブな考え方を育てましょう。ケンカや、軽蔑を込めた表情など人間関係におけるネガティブな行動を減らそうと正面から取り組むのではなく、ネガティブな行動に対抗するためのポジティブな行動（笑ったり、親切なことを言ったりする）を増やすのです。

けれども、人間関係がうまくいかないとき、あるいは最悪のときに、もっとポジティブな考え方や感情を育てよう、もっとポジティブな行動をとろうとするのは無益な苦しい戦いのように思えるかもしれません。決してやりたくない、とりたくない手段かもしれません。それでも、「そのような最悪なときこそ、ポジティブなことをしようとする方法が最も必要であり、価値のあるものだ」と研究結果が示しています。

ちょっと飛行機の路線図を思い浮かべてみてください（機内誌の後ろのほうに載っているような図です）。たくさんの都市を予定通りに離発着する飛行機の便によって、大都市や地方都市は互いに結びついています。心の中の状態を研究する認知心理学者たちは、人は誰でも広大な「意味ネットワーク」というものをもっていると主張し、それはこうした飛行機の路線図にちょっと似ているといいます。無数の方法で互いに結びついている都市の代わりに、「意味ネットワーク」は連結された、すべての記憶や思考から成り立っているのです。

もし、結婚生活に幻滅しているなら、何十もの、あるいは何百ものネガティブな記憶や悲観的な推測、怒りに満ちたイメージ、皮肉な予測をつくり上げてきた可能性があります。こういったものは、どれも脳の「意味ネットワーク」とつながっています。1つの悪い記憶が別の悪い記憶を引き出すとか、1つの不安がさらに半ダースもの不安を起こさせるといったふうに。これが原因の1つとなり、問題のある結婚生活で、些細な出来事をめぐるケンカがいとも簡単に、そしてすぐにエスカレートし、「あなたは私のキャリアのことなんか全然気にしてくれないのよね。15年前に私が昇進したときのことを覚えてる？」などと、何年も前のひどい行動を責めることになってしまうのです。驚くべきことではありませんが、こんなふうにとてもネガティブな「意味ネットワーク」は有害で、悪循環へとつながります。それによって問題はますます悪いものになっていくでしょう。

だから、認知療法士は多くの場合、落ち込みや不安（行き詰まっている結婚生活も同様です）を、患者の「意味ネットワーク」におけるネガティブな関連性を断ち切ろうとすることによって治療します。たとえば、「自分に魅力がない」と思うのは、体重が増えたことを奥さんが指摘し、「もうあなたを愛せないかもしれない」といった記憶とつながっているのかもしれません。認知療法士の仕事は、患者の論理に対抗したり、もっと寛大な解釈を提案したりすることで、ゆがんだ思考に異議を唱えたりします。

認知療法は非常に効果があります。「悲観的な考え」と「記憶」とを別々に切り離すのがとてもうまくいくことがその理由の1つでしょう。でも、誰もが認知療法士にかかる時間やお金や手段があるわけではありません。そこで、自分でできる、ネガティブな「意味ネットワーク」に対抗する方法をお話しします。それは、「ある考え」と「特定の記憶」との結びつきを切り離すのではなく、「意味ネットワーク」全体にポジティブな感情を吹き込む、というものです。そうすることで、ネガティブで恨みがこもったり、腹が立って心が痛んだりするイメージや記憶や考えの相互のつながりが基本的に溶けたり消えたりします。

なぜ、そうできるのでしょうか？　ポジティブな感情はすばらしい財産です。ネガティブな状態を打ち負かす能力を人に与えてくれます。喜びや満足、興味、安らぎ、プライドといった感情は、私たちが自分の結婚生活をもっと広い視野で見られるように助けてくれます。また、結婚生活での緊張状態や試練の最中でも「心理的な休息」を与えてくれ、その結果、「不快な経験」という心の痛みをやわらげてくれるのです。さらに、このようにポジティブな状態は、ときどき生じるネガティブな感情を直接弱めてくれるでしょう。

たとえば、夫や妻と口論すると、普通は神経が高ぶってしまいます。たちまち血圧が上がり、心臓がドキドキし、体温が上昇します。注目すべきことですが、ほんの短い時間、頬に当たる陽光が心地よいと感じたり、ランチを外に食べに行くことへの期待など、ポジティブな感情をもっただけで、そのような不健康な状態から回復するスピードが速まるのです。ですから、問題に直面したときに短い時間、ほんの少しポジティブな感情をもつだけでも、立ち直る力が与えられ、元気を取り戻すのに役立つでしょう。

ポジティブな感情について、世界的に注目されているポジティブ心理学者のバーバラ・フレドリクソンは次のように述べています。

「ポジティブな感情は……人がもっと自分自身を高めるための、成長への道を開いてくれるでしょう」

ポジティブ感情とネガティブ感情の比率は「3：1」以上に

誰でも知っていることであり、実際、ずっと前からわかっていたことでもありますが、ポジティブな感情や満足感、ささやかな喜びはとても気分がいいものです。しかし、「ポジティブな感情の喜びが、人や人間関係に及ぼす本当の価値が誤って伝えられてきた」といわれています。

次のステップでは、「人生にポジティブな感情をもっと取り入れるのに必要なことはいったい何か（いつ、どのようにして、そしてどれくらいか）」を解明していきます。フレドリクソンは自分の研究室やほかの科学者による10年以上にわたる研究にもとづいて、こう助言しています。

「人生では、ネガティブな感情の少なくとも3倍のポジティブな感情を経験することを目標にしなさい」

つまり、ポジティブな感情とネガティブな感情の比率をせめて「3：1」にしよう、というのです。彼女の発見によれば、最も幸せな人、最も幸せな結婚、そして最も幸せな職場は、どれも3：1よりも高い比率を示していました。その比率よりも低い場合、私たちが経験する「ポジティブな感情（またはポジティブな考え方やポジティブな社会的交流）は、最適に機能するにはあまりにも足りない状態だ」ということを意味しています。「ポジティブな感情とネガティブな感情をおおざっぱにいって同じ割合で経験したら（ネガティブな感情の2

倍のポジティブな感情を経験した場合でさえも）、人はだんだん衰えていき、孤独を感じ、苦しむ傾向にある」というのです。

また、人々の日常生活を定期的にチェックしている科学者たちの発見によれば、「最も健康で幸せな人たちは毎日、悪いこと1つに対して、ほぼ3つのよいことがある」と報告しているそうです。もちろん、だからといってネガティブな経験がポジティブな経験の3倍悪いという意味ではありません。科学が語っているのは、1つの不快な感情や、痛烈な言葉、生活における不愉快な出来事による打撃は、3つ以上の楽しい経験に匹敵するか、上まわるということです。したがって、**不快な経験の3倍、理想をいえば5倍は楽しい経験をしようと努力するとうまくいくでしょう。**

そのためにも、まず自分とパートナーとの間に起こるポジティブな出来事とネガティブな出来事を書き留めておくことをお勧めします。たとえば、1週間に何回ケンカするか、何回愛情を表現するか、何回感謝を示すか、批判する回数、無視する回数など。「『よいこと』と『悪いこと』との比率を計算し、分子の割合を増やそう（結婚生活でのポジティブな出来事、つまりケンカをするのではなく愛し合うことなど）」と決心し、「分母の割合を減らそう（ネガティブな出来事、たとえば、不一致な要素を予測し、蕾《つぼみ》のうちに摘みとるなど）」と決心しましょう。毎朝、自分にこう尋ねてみてください。「パートナーの人生をもっとよくするために、今日、私が5分間、どんなことができるだろうか？」と。

研究から、**「とてもシンプルな行動、たとえば、自分たちに起こった平凡でおもしろい出来事を分かち合う、プライベートなことを相手に話す、微笑む、パートナーの言葉に注意深く耳を傾ける、熱意を込めて相手を見つめる、陽気でユーモラスな行動をとることなどが、結婚生活での幸せや親密さ、ケンカの結果、さらには健康にさえ影響を与えること」**がわかっています。

ポジティブなことが多過ぎることにも弊害がある

ポジティブ心理学が、あまりにも多くのポジティブな相互作用やポジティブな感情が害を与えるかもしれない、という考えを持ち出すことはめったにありません。けれども、結婚生活に関しては（とくにかなり行き詰まった結婚生活の場合は）、少しばかりポジティブなことが多いだけでもリスクになりかねません。

結婚カウンセラーがカップルによく与えるアドバイスは、「お互いに相手に対してポジティブに考えて行動しなさい」というものです。「パートナーのひどい行為について寛大な見方をしなさい」と勧められるかもしれません。たとえば、「銀行の窓口係の前で彼が私を怒鳴ったのは、ストレスの多い1日を過ごしたからだけよ」などというように。そうすれば今週、彼に非難されたり拒絶されたりした回数を数える気もなくなるでしょう。いわば、ベンジャミン・フランクリンが『貧しいリチャードの暦』で助言したように、「結婚する前は目を大きく開けておき、結婚した後は半分閉じなさい」ということです。

けれども、カップルの半数は、このようなセラピーから何の恩恵も受けません。その理由として、科学者の中には「問題のあるカップルの大半は目を半分閉じておくのではなく、自分たちがお互いにどれだけ責めたり拒絶したりしているかに気づくべきだからだ」と推測する者もいます。つまり、ずっと目を大きく見開いているべきなのです。自分がないがしろにされているのはいつか、不親切にされているのはいつかに気づかなければなりません。行き詰まっているカップルは、そうすることによって一時的に不快になったり、おもしろくなかったりしても、自分たちの問題に対処できるように観察し、受け入れなければならないのです。

パートナーとの関係においては、「小さなことにこだわるな」と助言される場合もあるでしょう。でも、本当のところ、こだわっているのは小さなことではないのかもしれません。ケンカしたことをとり繕《つくろ》ったり、傷ついたことを見逃してやったり、あまりにもさっさと仲直りしたりすることで、結婚生活に浮かび上がってきた大きな問題に気づかなかったり解決し損なったりしていることもあります。そうすると、問題がさらに悪化するのをほうっておくことになってしまいます。

研究者によると、「お互いに相手をポジティブな視点で見るとき、とても幸せだとか、問題があまり起こらないか、起きても小さな問題だとかいうカップルは、お互いに期待度が高く、傷ついたり軽視されたりといった状態は見られない」ということです。しかし、大きな問題を抱えたカップルは、これと正反対のパターンを示します。**「とても不幸な結婚生活を送っている人は、ポジティブな感情やポジティブな相互作用を高めようと努力すべきですが、自分たちの問題に目をつぶってまでそのような努力をしてはいけない」**ということなのです。

◉行き詰まった結婚生活への適切な対処法

パートナーとの関係には、育てたり向上させたりするのがとても難しい要素がいくつもあります。パートナーは短気である、自己中心的だ、何かの中毒者であるなど一緒に暮らしにくいような性質をもっているかもしれません。たとえば、浮気をしている、仕事の関係で週に5日は不在になるなどの場合は、そのような性質や状態を変えようとしても、あまり変わらない、あるいはまったく変わらないかもしれません。

結婚生活で大きな困難に直面したとき、私たちは現在の問題を抱えたまま、いまの状況でベストを尽くす方法を考えたい、と思うものです。この方法には超人的な努力が必要だと、最初は思われるかもしれませんが、少なくとも石ころだらけの道を進んでいってもっと大きな変化を起こすか、そこから立ち去るかという心の準備ができる地点まではいけるでしょう。障害を乗り越えて、もっと満足がいく状況に到達することができるはずです。

このような道を選んだ人にとって、次の3つの異なった分野の研究からの発見はとても貴重かもしれません。1つ目は、**「結婚生活の外（家族のほかのメンバーや友人）に慰めや喜びを探す」**というものです。2つ目は、**「問題に折り合いをつけ、日常生活を観察して意味のあるものにするためバランスのとれた方法を学ぶこと」**です。そして、3つ目は**「相手を許すこと」**です。

「社会的支援」の大いなる力

「どこかに所属したい」という欲求や、「大切にされている」という感情、そして他人や他集団に頼ることは、幸せになって生きるために重要な（そして第1の）人間の性質です。

結婚生活で悩みがあるときに、友人や親類、スピリチュアルなアドバイスをする人、さらにはペットでも、誰かに頼ると、たちまち元気づけられ、心配ごとが減ることもあるでしょう（このことを心理学では「社会的支援」と呼んでいます）。仲間のおかげで愛されているとか、自分には価値があると感じ、状況をもっとよく理解できるようになります。問題に対処するための効果的で明確なアドバイスや、または経済的な援助が与えられることもあります。耳を傾けてくれる人がいたり、すがって泣ける肩があると、結婚生活で感じるみじめさがやわらぎ、対処したり行動を起こしたりするために必要な自信や情報、脱出の方法などが得られるのです。

私は若かった頃、「社会的支援」や「感情的なサポート」をひどく軽んじていました。いまでも覚えていますが、不毛な人間関係のせいでくよくよと思い悩んだり、心配したり、何時間も大泣きしたこともありました。しかし、それから自分の感情について親友に1時間ほど話すと、レベルが10はあった苦悩が、レベル3ほどに減ったのです。それほど大きな効果をもたらしてくれる薬を買うとしたら、いったいいくら払わなければならなかったでしょうか。

結婚生活で大きな問題に直面したとき、たとえばパートナーが不倫している、毎日のようにケンカしているなど、問題があまりにも手強くて解決が困難に思われる場合は、友人や家族からの思いやりや慰めなどでは取り除けないという気になります。もちろん、たいていの場合、「社会的支援」のおかげだけで問題が消えることはありません。でも、長期的に見ると、それによって問題に対処し、問題を軽減して、感情的な反応をやわらげることができるのです。

「配偶者と別れたい」と思っているケースでも、本当に別れたいのは「いまの自分自身だ」という場合が時にあります。確かに、「ミケランジェロ現象」はポジティブな方法でも有害な方法でも作用します。理想の自分になれるように手を貸してくれるのではなく、パートナーはあなたが嫌悪しているような人間にあなたを変えてしまうかもしれません。このような場合でも、友人や家族がかけがえのないサポートをしてくれることがあります。彼らは物事を広い視野で見られるようにし、自信を取り戻させて、あなたが不利な状況でどのように変わるかを見ていてくれ、このような変化をあなたが打ち消すのを手伝ってくれるのです。

間違った相手と結婚したかもしれないと落ち込むようなときに、最も役立つ行動は信頼できる誰かに話すことです。このことは心理学的に明確な利点に加えて、神経学的な面でも、生理学的な面でも、よい点があることがわかっています。親しい友人がいる人の脳や心、神経内分泌系は、気持ちを否定されたり、無視されたりして心が傷ついたりストレスを感じたりしたときにも、それほど反応を示しません。さらに、たとえば、母親がいつもあなたの支えになってくれると思うことなど、「社会的支援」があると感じるだけでも、ストレスが減少し、幸福度が高まります。これらは、さまざまな困難に直面した場合にはなおさらです。

「壁に止まったハエ」という客観視するためのテクニック

口論や侮辱などが日々繰り返されるような状況でなければ、結婚生活を「問題がある」とは思わないでしょう。たとえば、「友人の前で彼に恥をかかされた」「彼ったら、私に相談もしないで大きな買い物をしたのよ」「彼女は夜遊びして、帰ってくると部屋に引きこもってしまった」というような出来事によって心が傷つくことを考えるだけで、私は疲労感を覚えて少し悲しくなります。

このようなことが自分に起こったら、何度もくどくどと考えるのが当たり前の反応でしょう。そして私たちの頭は、相手にやり返すことや、心配ごと、拒絶、いらだたしさ、不安、疑い、無防備な気持ちでめまいがしそうになります。別の言い方をすると、苦悩や問題について思いめぐらせばめぐらすほど、ますます嫌な気持ちになり、自分が達した結論はいっそうネガティブなほうに傾き、解決策や出口からさらに遠くなるのです。

けれども、私自身やほかの人の研究からわかったことがあります。悪いことを考えないほうがいいし、もっとポジティブなものに注意を向け直すべきで、小さなことにくよくよすべきじゃないといわれますが、「そんなアドバイスに従うのは無理だったり、現実的でなかったりする場合が多い」ということです。

パートナーが相手をないがしろにしたり、軽蔑の念を示したりする振る舞いそのものは、ひとりでに消える問題でないことは明白です。言い換えれば、そのような状況とは、善かれ悪かれ、何か行動を起こさなければならない問題なのです。

最近の研究では、「心が痛む経験に対して、より健全な考え方をしたほうがいい」と勧めています。**「ネガティブな感情や問題を心理的な距離が遠い視点から分析すべきだ」**というものです。つまり、**まるで壁に止まったハエの目から状況を眺めるかのように「自分自身をほかの人の目で見て考えなさい」**というのです。

そして、口論や恥ずかしかった記憶を思い返すことなど、自分自身の目から過去の経験を考えたり思い浮かべたりすることは避けるべきです。なぜなら、「心理的な距離が近い視点」

から絶えず眺めていると、よくないことをくよくよ考えがちになるからです。

研究から、「拒絶されたと感じたり、腹を立てたりした最近の出来事について、自然に心理的な距離を置いたり、『壁に止まったハエ』のような見方ができる人や、実験者によってそのような見方をするように勧められたりした人は、建設的な方法で問題を解決しようとして、パートナーからのひどい仕打ちに対して仕返ししようとあまり思わない傾向があること」がわかっています。さらに、心理的な距離を置くことによって怒りや悲しみ、悲観主義が緩和され、体がストレスに反応することも少なくなります（たとえば、血圧が急上昇しなくなるなど）。これは心にとってよいばかりか、体の健康にとってもよいことなのです。

もし、結婚生活で大きな危機や小さな危機があったら、ちょっと時間を置き、第三者の視点からそうした問題をじっくりと考えてみましょう。たとえば、セラピストや公正な見方をしてくれる友人になったつもりで考えるのです。見知らぬ人の視点から考えてもかまいません。そうして距離を置いた視点から、自分自身やパートナーについてよく観察してみましょう。

「ネガティブな経験」は箱の中に封印する

結婚生活には、問題の存在を私たちがきちんと認めて、解決しようとしなければならないものも数多くあります。でも中には、ありのままに受け入れて忘れたほうがいい問題もあるでしょう。このような問題は箱の中に封印して忘れてしまうべきです。

そんなことを勧めるなんて、どんな実験による裏づけがあるのだろうかとか、こんな考え方を研究室でどう処理するのかと不思議に思われるかもしれません。でも、処理などいらないことがわかっています。研究者たちは、実験の参加者に「最も胸の痛む思い出を書き記すように」と指示しました。それから、その思い出を文字通り、「封印するように」と命じたのです（といっても、箱の中にではなく、封筒に入れて封印させました）。

この実験を試してみる場合、まずは「本当に嫌な思いをさせられたもの」を考えてみてください。たとえば、心から後悔している結婚生活での出来事や決断を思い起こしてみましょう（パートナーの不倫に関することなど）。または、実現を阻止された、個人的な強烈な願い（たとえば、赤ん坊をもつことや転職など）を思い出してください。それから、そのような経験をルーズリーフにでも書き記してみましょう。そのせいで、少なくとも初めのうちはさらに嫌な気持ちになるかもしれません。最後に、書いた紙をたたんで封筒に入れ、封をして、それを実験者に渡すか捨ててしまいます。

感情をコントロールするとかチェックすることについて語る場合、「どこかに何かをしまい込む」という表現に関連した呼び方をよくします。悲しみを埋める、怒りに蓋《ふた》をする、感情を隠すなど。封印するとか、しまい込む、あるいは鍵をかけてしまうという動作は、さまざまな問題や心の痛みを気持ちのうえで閉じ込めるのに役立ちます。

不安なことを包みの中にしまい込んで封印すれば、なんだかほっとした気持ちになり、感情がきちんとコントロールされたような気がします。このテクニックは単純なものなのでバカげて見えるかもしれませんが、効果があるので試してみることをぜひお勧めします。

◉「人を許すこと」の本当の意味

次のような状況を想像してみてください。

数分前にあなたは職場である電話を受けました。あなたの大切なパートナーが「愛人と一夜を過ごし、たったいま家に帰ってきた」と告白する電話でした。あなたとパートナーはこのところ不安定な日々を過ごしていました。でも、あなたは自分たちの関係が根本的には問題ない、という印象をもっていたのです。あなたのパートナーは謝罪し、「今夜、会いたい」と言っています。

この緊張感をはらんだ状況の架空のシナリオを用いて、ある研究者のチームが「人は、どれほど相手を許せるか、どれほど許しの気持ちを育めるか」についての研究を行なっています。あなたがこんな状況になったら、とっさにどんな反応を示しますか？　自分の感情やパートナーとの関係にどう対処しますか？　あなたの心の中には相手を許そうという気持ちがあるでしょうか？

私はいつも、心から相手を許せる人々を畏敬の念で見てきました。たとえば、わが子を殺した犯人を許す親たち。自分を刑務所に入れた体制を許す、冤罪で服役していた人たちなど。冤罪で刑務所に入れられていた中で最も有名な人は、南アフリカの元大統領でノーベル平和賞を受賞したネルソン・マンデラでしょう。

１９９４年の大統領就任式でマンデラはこう語ったと伝えられています。「今日、ロッベン島から３人の看守を来賓として招くことができて光栄である」と。ロッベン島はマンデラが18年間収容されていた島です。そこでマンデラはわずかな食料しか与えられず、石灰の採石場で苦役をしいられたのでした。のちにマンデラはこう説明しました。「もし、彼らを許せなければ、生涯にわたって恨みや憎しみを持ち続けることになっただろう」と。

彼の見解は深く感動させられるものであるばかりか、実際に行動に移したことによって説得力のあるものにもなっています。マンデラの行動のように劇的な例だけでなく、日常生活での些細な罪を許すことでも、「人を許すこと」によって私たちはいろいろな意味で自由になれるのです。

「人を許すこと」の科学的な効能

「過《あやま》ちは人の常、許すは神の業《わざ》」

この格言の違うバージョンを雑誌の記事で読んだにせよ、母親から聞いたにせよ、「許しを与えるのはよいことだ」と、どこかで耳にした人は多いでしょう。「人を許す」と、自分を傷つけた相手への見方や態度が変化します。それは、苦しくて復讐心に燃えた感情から、善意（あるいはポジティブな考え方や感情、行動）への変化です。「人を許すこと」によって怒りや憎しみの気持ちが解放され、人間関係が向上し、やがてはより幸福でより健全になれる、といわれています。

もっと人を許せるようになる方法を教えるための「介入（意図的な働きかけ）」についての研究は、さまざまなグループで成功しています。その中には子どもが自殺した両親、勝手に妻が堕胎してしまったという夫、人間関係で傷ついた子どもなどがいます。科学者たちは次のことを証明しています。

たとえば、配偶者に虐待されたとします。すると、虐待された人は相手を許せず、相手の罪が2人のその後の結婚生活に影響を及ぼし、対立が起きます。そして結局は夫婦の間の障害となり、問題の解決が阻まれてしまうのです。**「人を許すこと」は、このような悪循環を防ぐだけでなく、温かい思いやりや交流を呼び起こしてくれます。**

「許す」か「報復する」かを決める理にかなった判断

「許すこと」がそれほど価値のあるもので、「許すこと」がそこまで徳を積む行為にもかかわらず、私たちの多くがそのような行動をふだんからとろうとしないのはなぜでしょうか？　とりわけ、パートナーとの関係において相手を許さないのはどうしてでしょうか？　配偶者の過ちを次から次へと許している、長い間苦しんできた妻や夫を見ると、複雑な気持ちになってしまうのはなぜでしょう？

進化心理学者や社会心理学者は、この疑問に耐えられるような答えをあげています。それによると、「人が生き残って繁殖する」という可能性は、「人を許すことによって決まる場合」と「人に報復することによって決まる場合」とがあるそうです。そして「どちらの反応をするのが正当なのか、状況を判断することが大切だ」といいます。

たとえば、あまりにもすばやく、何の批判もせずに相手を許してしまうと、わが身を守るために戦うことができないのかと後悔して、冷静さや自尊心を失う結果になるかもしれません。そしてパートナーに教訓を学ばせず、自分を向上させる機会を与えないせいで、パートナーとの関係が悪くなってしまうかもしれません。パートナーをあまりにも早く、そしてたびたび許していると、自分の価値を見失う危険性があります。パートナーとの関係における真の問題から目をそむけることになり、相手に踏みつけられても耐える、ドアマットのような存在になってしまうでしょう。

では、いつ相手を許し、いつ許さないのがいいのか？　たとえば、夫婦について調べたある研究からこんなことがわかっています。「ひどい行動をとることが多いパートナーをたびたび許す配偶者は、そのうちに（その逆の場合もあります）相手との関係の問題が大きくなっていくことを経験した。一方、めったにひどい行動をとらないパートナーを許した配偶者は、結婚生活において満足感が長続きした」と報告されています。

もしもあなたのパートナーが不実だったり嘘をついたり、意地悪だったりしても、結婚生活においてあなたを見捨てるつもりはなく、大切に思っているというサインを送っていたら、相手を許しましょう。そうすれば、自分は大丈夫だし、価値があるのだという気持ちが強まり、結婚生活は守られ、避けられない衝突や問題もうまくいくようになります。

けれども、よく見極めてください。「相手を許そうという気持ちは、結婚生活を修復するための理にかなったものであって、よく考えた結果なのだろうか？」と。それとも、「この結婚生活が終わったら二度と幸せになれないかと思うと怖くて、大きな衝突を避けるためなら何でもしようと思っているのか？」と。いずれにしても、「人を許す」ということは、意識的な努力が必要な選択なのです。

◉時には、手遅れになる前に「別れる」という選択も

あらゆることを試みたのに、ポジティブな経験とネガティブな経験の比率がよくてもせいぜい1対1だとしましょう。その比率から見ると不幸なのは明らかで、これ以上、大切な時間を無駄にしてはなりません。別居や離婚はとても個人的な決断ですから、一流の結婚カウンセラーでさえ、カップルにこのままの生活を続けるべきかどうかと助言することはできないでしょう。それは私も同様ですが、最新の重要な発見、社会科学による結論をいくつか紹介します。それはあなたの決断に、少なからず影響を与えるでしょう。

「待つこと」の価値

「時はすべての傷を癒す」という格言がありますが、少なくともある状況においては真実を指摘しているかもしれませんが、なかなか聞き入れがたい格言でしょう。でも、結婚生活にごく当たり前の波が立ったり、浮き沈みがあったり、ちょっと長過ぎると思われるくらいにスランプの状態が続いていたりしていても、それを乗り切ろうとするのは十分に可能です。

かつて私は、「ボウルに入った濁った水」に関するこんな話を聞いたことがあります。その水は泥で濁ってしまい、持ち主はどうしたらまた水を澄んだ状態にできるのかわかりませんでした。沸騰させればいいのでしょうか？　凍らせる？　振ってみればいいのでしょう

か？ 持ち主はいろいろな方法を試しましたが、どれも効果がありませんでした。効き目があったのは、泥水の入ったボウルをしばらくそのままにしておくことでした。そこで持ち主はほかの方法を全部やめてゆったりとくつろぎ、濁った水を放っておきました。しばらくすると、泥はひとりでに水と分解していき、間もなく水は元のように澄んだものになりました。もし、あなたが結婚生活を落ち着いた状態にしたいと思うなら、泥がひとりでに水と分解するのを待つというのも、1つの方法です。

離婚した後、うまくやっていくには

では、結婚生活における泥水（問題）がひとりでに分解しない場合はどうしたらいいでしょう？ 40パーセント以上のカップルは、別居や離婚によって問題を解決しようとします。その決断は並々ならぬものです。結局のところ、離婚のように重大な決断は、人生や家族を大なり小なり、いろいろと変えてしまうだけではありません。人生の一貫性や目的を伝える、自分自身の過去や現在や未来についての挑戦でもあるのです。なにしろ、離婚をしても自分の物語はそこで終わるわけではないのですから。

離婚を進めている最中や離婚後には、裏切られたとか拒絶されたといった感情から、悲しみや安堵、怒りや恐れから、罪悪感や自己憐憫《れんびん》にいたるまで、さまざまな感情を経験します。さらに、「ジェットコースターのように感情の起伏が激しい」という表現に新しい意味が加わるような、そうした感情がめまぐるしく変わる場合もあるかもしれません。人生がめちゃくちゃになり、自分が不安定になったように感じるかもしれません。自尊心や伴侶としての自分の価値に疑問を持ち始めている場合もあるでしょう。山のような書類や弁護士からの絶え間ない電話、財産や養育権についての元配偶者とのストレスに満ちた交渉に直面しているかもしれません。子どもたちは感情をむき出しにしたり、引きこもったりするかもしれません。

こうしたことに加えて、新しい経済状況や新しい職場など、社会的なストレスを経験している場合もあるでしょう。仕事を見つけなくちゃとか、もっと報酬がいい仕事に就かなくちゃといった、かなりのプレッシャーを感じているかもしれません。「社会的支援」が最も必要なときにもかかわらず、疎外感や孤独感を味わっている可能性もあります。というのも、結婚生活が終わると、友だちとの関係も変化する場合があり、結婚していたときにつき合っていた友人の中には疎遠になる人もいるからです。

しかし、途方もない困難や緊張があるにもかかわらず、大半の人はどうにか離婚を乗り切るだけでなく、成長するケースさえあります。実際、離婚前とその後の人々を追った8つの研究結果を分析したところ、「典型的な反応は、時が経つうちに幸福感が増す」というものでした。本書のテーマの1つでもありますが、**「人間には驚くほどの回復力がある」のです。**

いわば、トラウマを利点に変え、ひどい経験を成長へと変える能力です。たとえば離婚から立ち直り、以前よりも強くなれる場合さえあります。

「回復力」に関する、私のお気に入りの解釈は、それを「当たり前の魔力」と考えることです。これは、とても見習えないような特別な能力がある、並外れた人たちだけがもっている力ではありません。そうではなく、「回復力」はありふれたものなのです。でも、平凡ではあるけれども、逆境の後でも持ち直して、ポジティブな感情を経験できる、驚くほど優秀なこの能力にたいていの人は気づかないため、ほとんどどんな不幸にも耐えられる、自らが潜在的にもっている力を見くびりがちです。家族がバラバラになるといった逆境やトラウマを経験した後では幸せになどなれないと不安になるせいで、誰もがもっている当たり前の魔力を低く見積もってしまいます。

離婚の特徴である「喪失や苦悩、トラウマから成長し、プラスにさえなる」という特別な力について、研究者や自己啓発書の著者はさまざまな本で書いています。最も困難な日々を耐えて成長するために力を貸してくれるであろう助言を次にあげます。自分にとって最も無理がない行動、効果が上がりそうな行動、またはせめてあまり不安を感じずに始められる行動の中から1つ選んで、今日から始めてみましょう。

・別離や離婚をした結果、どれだけ前よりも強くなったかを自分に問いかけてください

・結婚生活が「続いていた間」と「終わった後」にどんなことが起こったか、書き出してください。どれくらい成長し、変わったでしょうか？　また、未来について今度はどんなことを優先したいか、何を目的にするかを書いてみましょう
・離婚してから、誰かに言われた最もおもしろかったことを考えてみてください
・人生におけるこの時期、正直に言うとどんな気持ちなのか？　なぜそう思うのか？　自分に問いかけてください。そして自分の気持ちをほかの人と分かち合ってみましょう
・短い間でもかまいませんから、小さなことでも自分が幸せになれることを毎日やってみてください
・以前のいろいろなトラウマから立ち直るのに効果があったものを思い出してみてください。そしてもう一度、それと同じことをやってみましょう
・スピリチュアルなものが自分にとってどんな意味があるか、よく考えてください。それがまわりの人とのつながりにどう役立つか考えてみましょう
・手助けをしたり、何かを教えたりして、まわりの人と関わりをもってください

こうしたステップを踏むことによって、たとえ苦悩の中にいるときでも、ポジティブな態度を維持できる能力がつくられ、強められるのです。パートナーとの別れの意味が理解できるようになり、「自分にとって最も重要なものが何か」を考え直せるようになります。そし

て新たな意味が生まれ、達成できそうな目標をもっと高く評価できるでしょう。このような行動はつらい重荷を「軽くする」という目的ももっています。

大事なことを言い忘れていました。**誰もが強化することが必要なものに「自尊心」があります。自尊心は人生のさまざまな面で重要な影響を与える、人間の特徴の中でも最もよく研究されているものの1つです。**それゆえ、現在の自尊心がどの程度かを測ることはとても大切です。

では、次の文章で、あなたの状態に最も近い番号をそれぞれ選んでください（1＝まったく当てはまらない、2＝当てはまらない、3＝当てはまる、4＝とてもよく当てはまる）。それによって、あなたの自尊心の程度を測ることができます。

①私は価値のある人間だと思う。少なくとも、人並みには価値がある（　）
②私には優れた資質がたくさんあると思う（　）
③だいたいにおいて、自分が「失敗者だ」と感じがちだ（　）
④私は人並みに物事ができる（　）
⑤ほかの人に比べて、自分には誇れるものがあまりないと思う（　）
⑥自分についてポジティブな見方をしている（　）
⑦全体的に見て、自分自身に満足している（　）

⑧ 私は「もっと自分自身の価値を認められたらいいのに」と思う　（　）
⑨ 自分が「役立たずだ」と思うときがたまにある　（　）
⑩ 自分は「全然だめだ」と思うときがたまにある　（　）

自尊心がどれくらいかを調べる際に、まず3番、5番、8番、9番、10番の項目は「逆転項目」として計算してください。つまり、もし、1点をつけたのなら、それを消して4点に変えてください。2点をつけたのなら、それを3点に変えてください。3点をつけたのなら2点に、4点をつけたのなら1点に、それぞれ変えてください。では、10項目の点数をそれぞれ足して合計してみましょう。

自尊心の度合いが最高の得点は40点（ポジティブな自尊心に関する項目のすべてにとてもよく当てはまり、ネガティブな項目のすべてにまったく当てはまらない場合）で、最低の得点は10点（最高得点の場合と正反対の場合）です。全世界の人の平均的な得点は31点で、アメリカの国民の平均点は32点です。もし、31点、あるいは32点よりも得点が低いのなら、あなたの同僚の半数以上があなたよりも自尊心が高いことになります。得点が20点以下なら、あなたの自尊心の度合いは全人口の下から3分の1のところに位置していることになります。

あなたの点が平均以下の場合、どれほど大変でも、「自尊心を高めること」を最も優先するべきです。まずは目標に向かって小さな一歩を踏み出しましょう。物事を成し遂げ、友情を築き、他人に対して思いやりのある行動をとり、自分自身についてよりよい感情をもつための一歩です。この本のいくつかの章では、このような行動を実現するためのガイドラインも載せています。

人生は離婚後も続いていく

「快楽順応」に関する研究から、私たちがたいていのネガティブな出来事にすぐさま慣れてしまうことがわかっています。たとえば、ある研究によると、**離婚して最初の2年間はかなりの苦悩を経験する人が多いが、やがて立ち直る**そうです。人生は続いていきますし、ほとんどの時間は離婚と無関係の日常でのよいことや悪いことに注意が向いてしまうでしょう。「離婚する（あるいはほかの不運な出来事でも）と、さらに不幸になってしまう（しかも長い間）」という思い込みがまかり通っている理由の1つは、「離婚やその結果起こるもので頭がいっぱいになってしまう状態がこれから1年～5年続く」と考えられているせいです。なんだかんだいっても、日々の生活には歯医者に行ったり、エアコンの修理をしたりといった雑事があるでしょう。息子が優秀な成績で卒業したり、長い間音信不通だった、いとこと連絡がとれたりといったこともあるでしょう。友人たちのために贅沢なパスタのつくり方を習ったり、子どもたちとフロリダへ楽しい旅をするかもしれません。

要するに、離婚とはまったく関係ないさまざまな状況で判断力を必要とされたり、参加しなければならなかったりするものがあるのです。離婚は真空地帯で起きるものではありません。人生は続いていきますし、離婚のトラウマと同じくらい、またはそれ以上に私たちの感情を動揺させたり支配したりする出来事がいろいろと起こるのです。

家族の生活について書かれた『House Lights』（日本語訳なし）という本の中に出てくる父親は、妻との別居という状況に直面します。「これからどうしたらいいだろうか?」と彼が娘に尋ねると、娘は次のように答えました。それは私たちにも当てはまりそうなものです。

「お父さんは悲しくなるでしょうね……お母さんが恋しくなるでしょう。これからも患者の診療を続けるだろうし、バードウォッチングの仲間と会ったり、視覚障害者のために本を読んで録音したりするわね。友だちに会いに出かけたり、食事したり、そして……車のオイル交換をしたり……日用品を買ったり……教会でのコンサートに行ったりするでしょう。小さな双眼鏡用の掃除キットで双眼鏡をきれいにもするはず。雪かきをしたり、芝生を刈ったり、落ち葉を掃き集めたりもするに違いないわ。本も読むし、料理もするでしょう」

「離婚した」という事実と、そしてその影響は毎日の生活の中で、月が替わるごとにだんだんたいしたものでなくなっていく、というのが真実なのです。

研究結果からわかった「離婚が子どもに与える影響」

もし、あなたが離婚したとしても、きっと乗り越えるでしょう。おそらく忘れることはないでしょうが、相手を許せるようになり、もしかしたら、人生が以前よりうんといいものになるかもしれません。でも、子どもたちはどうなるのでしょうか？　研究から、「不幸な夫婦が一緒に暮らし続けることを選ぶ一番の理由は、子どものため」ということがわかっています。この真実は理屈に合わないものでもなく、驚くべきものでもないでしょう。

しかし、人生において大切ないくつかの要素と同様に、「離婚が子どもに与える影響」についての人々の思い込みが正確なものかどうかを、はっきりとさせることは重要です。この問題に関するさまざまな論文から、2つの正反対の見解が生まれています。

1つ目の見解は、「離婚が子どもに与える影響は長くは続かない」というものです。2つ目の見解は「離婚が子どもに悪影響をずっと与え続ける」というものです。大半の議論は2つの見解の間のどこかを支持するものが多いでしょう。

もっとも、多くの研究結果を分析し、読み取ったところによれば、私は「影響は長続きしない」という見解のほうに近く、「離婚が必ずしも子どもに悪い影響を及ぼすわけではない」と考えています。影響力は小さい場合が多く、すべての家族に当てはまるものというわけでもないのです。

たとえば、ある研究者によるこんなテストがあります。「親が離婚した子どもたちが、両親がいる子どもたちよりも幸福度や自信が低いか、成績が悪いか、健全な人間関係を築きにくいか、行動に問題がある場合が多いか」を調べたものです。「親が離婚した子どもと離婚していない子ども、177人を対象にして比較した結果、半数以上（103人）は親が離婚したかしないかによる違いがまったくないこと」がわかりました。ほかの研究から、「親が離婚した子どものうちの75パーセントには、長期にわたる身体的な障害がまったく見られないこと」がわかりました。そして離婚が小児期行為障害や成績や幸福に及ぼす影響は、性差による影響よりも少なかったのです。

もちろん、この結果を逆から見れば、「全体の優に4分の1に当たる子どもが離婚による被害を受けている」ともいえます。それが長期にわたる場合もあり、この事実は極めて真剣に受け止められるべきでしょう。たとえば、「両親が離婚した子どもは、そうでない子どもの2倍、離婚率が高く、健康にも悪い影響を与えられている」という結果もあります。

いずれにしても、「離婚が子どもを傷つけるかどうか」という問題に答えを出そうとするのには限界があります。すべての研究に相関関係がなければなりませんし、無作為に選んだカップルが離婚するのか、結婚生活を続けるのかを予測するのは不可能（しかも倫理に反します）です。

それに何かを発見するうえで遺伝子の役割を排除することはできません。離婚には遺伝の影響が大きく、離婚する人の土台にある遺伝子（生まれつきネガティブだとか不幸せだとかいうのと同様に、特定の個性と関連があるようです）は親から子へと受け継がれます。ですから、親が離婚した子どもが、ある分野でうまくいかないとわかった場合、それは子どもが親から受け継いだ遺伝子による影響かもしれず、離婚そのものによる影響ではないかもしれないのです。

「うまくいかない結婚を子どものために続けるべきかどうか」という疑問について、もう1つ重要で難しい問題があります。言い換えると、「ケンカばかりしたり、みじめだったりする両親と暮らし続けるほうが子どもにとってよくないのか？」、それとも「両親の離婚の結果を経験させるほうがよくないのか？」という疑問です。

簡単に答えるなら、**「両親が口論したりわめき合ったりしていて、どっちの側につくべきかと悩んだりする状況から逃げ出せるほうが子どもにとってはよい」**ということになります。苦悩や争いでいっぱいの冷たい雰囲気の家庭にいると、子どもたちは慢性的なストレス状態にあるのが普通でしょう。そうすると、絶えず警戒心をゆるめず、神経をとがらせている習慣が身についてしまいます。

子どもが両親がとても仲の悪い家庭にいるときと、両親が離婚した後の家庭にいるときとで、子どもの状態を比較してみると、答えはかなりはっきりしてきます。**両親が不仲の家庭の子どもは悪い状況になることをかなり恐れる傾向がある**のです。たとえば、ある研究によると、「ケンカが多い家庭の子どもは感情を表に出す傾向があり、心配したり落ち込んだりしがちで、友人やクラスメートと問題を起こしやすくなる。しかし、両親が結婚したままか、離婚したかということは子どもたちの問題にあまり影響を与えなかった」と報告されています。つまり、**問題になるのは「対立」であって、「離婚」ではない**ということです。

そうすると、この結果からは「離婚が子どもに有害な影響を与えることを発見した研究は、離婚に伴う避けることができない対立の影響を発見しただけに過ぎないかもしれない」といえます。しかし、健康に関する研究がこの発見をはっきりと反映しています。「離婚した人々は、不幸せな結婚生活を続けているカップルと同じか、それ以上に免疫システムが弱い、心臓疾患や糖尿病が多い、ガンの生存率が低い、年をとると身体機能に問題が起きるなど健康の問題がある」と報告されています。

もし、あなたが離婚を考えていて、それが子どもの心理的な適応や学校の成績、行動の問題、さらには将来の人間関係にどのような衝撃を与えるかと不安になっているなら、こう考えてみてください。**温かくて愛にあふれ、平和なシングルペアレントの家庭のほうが、両親がそろっていても悩みの多い家庭よりもいい**、と。

ただし、1つ注意すべきことがあります。子どもには、配偶者とあなたとの深刻な問題がわからないだろうと思っている場合でも、これが当てはまるということです。とても信じがたいかもしれませんが、親しい友人や家族もふくめたみんなにとっては自分たちの離婚が爆弾にも等しいからと、不幸な結婚生活をうまく隠すことができるカップルがいます。しかし、「両親の間に問題があるとまったく思っていなかった子どもほど、親の離婚の衝撃（がっくりさせられる）によって、長期にわたる最もネガティブな影響を受けること」がわかっています。こうした出来事により、困難で、解決が難しいジレンマが起こります。おそらくこのような状況で前に進む最もよい方法は、幸せそうに見せかけるのがとても上手な夫婦に、子どもたちを温かく育てるような環境をつくり続けてもらうことです。同様に、別居や離婚の期間、さらにその先もずっと、夫婦がお互いに友好的に連絡をとり合うことも大切でしょう。

チャンスに備えるために

パートナーとの関係を解消するか、続けるかということもふくめて真実に直面しなければならないときは、向き合うのが最も難しいでしょう。「去っていく」という選択肢、「結婚生活にとどまってできるだけのことをする」という選択もあります。この章での教訓の1つは、危機的な状況をさらに複雑にしそうな誤った考えを発見した場合、思ったよりも多くの選択肢があるものだ、と気づくことです。

結婚による問題への対処や、結婚生活を育むための方法をここで紹介します。こうした方法は、別居する後よりは、「最初に離婚について想像したとき……」というように、早く実践すればするほどいっそう効果的です。これは、離婚について空想しただけでも効果があります。怒りや落ち込みをなくすために白昼夢を見た後、結婚生活を大事にするという行動に戻っていくからです。

けれども、離婚を想像することが、その後に起こることの前触れという場合もあります。そのようなときは、たとえば、「離婚は大半の子どもにとって取り返しがつかないほどの悪影響を与えるわけではない」など、研究の結果をすぐに考えれば、決断する心構えが早くできるでしょう。そのような決断は、「どれほど不幸でも、別れることはできない」などという直感と比べて、道理にもとづいたものです。とりわけ、重要な決断を下す前にちょっと考えてみてください。結婚生活が不幸なのは自分にどれくらい原因があるのか？　配偶者にどれくらい原因があるのか？　結婚生活における力関係にはどれくらい原因があるのか？　そして、コントロールできない環境にどれくらい原因があるのか？

そのようなことを理解しても、最終的な決断は変わらないかもしれません。でも、決断を変える場合に、結婚生活や人生の中で何を変えるかを決めるときには、役に立つでしょう。幸福についてのこんな思い込みが間違いだとわかり、パートナーとの関係が終わっても、自分の人生は終わらないことがわかれば、そのような変化をどうやって起こすかということに、新しい道や、新しい可能性が開けるはずです。

誤った神話 06

子どもがいれば、幸せになれる

一緒に歩きながら友人が、「私は自分が親だということが嫌なの」と私に告白しました。そんなことを誰かが口にするのを聞いたのは初めてでした。彼女は息子を愛していますし、おそらくかけがえのない存在でしょう。彼女は子どもをつくろうと10年も頑張り、さまざまな不妊治療の助けを借りてとうとう成功しました。そのことをとても喜んでいるようです。でも、もしかしたら、「子どもがほしい」という願いが強過ぎて、長い間そう思い続けていたせいで、そして子どもをつくるという努力があまりにも大変でストレスに満ちたものだったため、彼女が現実に気づくまでに何年もかかったのかもしれません。つまり、「自分は親に向かないのだ」という事実に。

彼女は子どもの一団がまわりにいると落ち着かないけれど、ほかの親の前ではいかにもママらしい振る舞いをしています。彼女は誰かを無条件に愛して大切にし、自分自身のすべてを差し出そうとは思っていません。きりのない心配ごとや予定に追われ、落胆することが続くと、友人や同僚たちのように挑戦しがいがあるとか、冒険だとは考えず、大変な重荷に感じてしまうようです。つけ足しておきますが、はた目からは彼女の本当の気持ちは決してわかりません。いい親だし、彼女は自分でもそのことを知っています。ただ、親であることが嫌なだけなのです。

このような話を聞くと、いろんな疑問が浮かんでくるかもしれません。育児は好きにならなければいけないものなのでしょうか？　結局のところ、子どもをもつことがどんなふうか、本当に予測できた人がどれほどいるでしょうか？　関連書を10冊以上も読んだり、親になっている人と出会うたびに話したりしても、きちんと予想できなかったのではないでしょうか。

育児ほど、時間とともに劇的に変化する仕事はないことを考えると、「嫌だ」という結論を私の友人が出してしまったのは時期尚早だったのではないでしょうか。何年か経って息子が小学校に入れば、現在の育児とは、ほぼ違うものになるでしょうし、それからまた数年すれば、すべてが再び変わるというふうに変化していくのですから。実際、子ども自身や親子関係がわずか数か月の間に大きく変わる場合もあります。では、ここにあげた例は極端過ぎるので、私たちの大半には当てはまらないといえるのでしょうか？

子どもは最大の喜びの源であり、最大の悲しみの原因でもあります。ですから、最も大きな分岐点が家庭生活の中にあるのも当然でしょう。育児についての自分の気持ちに妥協し、失望するのか、あるいはそんな気持ちと戦おうとするのかを決断する前に、まず自分の苦境がそれほど特殊なものかどうかを、はっきりさせなければなりません。

「子どもができれば、とても幸せになれる」という期待は社会に根づいているだけでなく、進化論とも密接なつながりがあります。「子どもがいれば幸福だ」という思い込みによって、人間は生殖を続けるのかもしれませんが、そのせいで深刻な事態が生まれる場合もあるのです。親になっても、予想していたほど幸福になれなければ、疲れてみじめに感じ、失望するばかりか、恥だとすら思ってしまうでしょう。

◉もし、「親になること」が想像とは違っていたら？

たとえば、親になることにまったく喜びを感じないし、山ほどの雑事や、育児に伴う心配ごとが大嫌いだと思っている。疲れきってしまって、18年間におよぶ単調な仕事（これまで育児をしてきた年月や、とりわけ今後の親業の期間）に幻滅している場合もあるでしょう。

それだけでも厄介ですが、周囲から肯定されないこうした感情に加えて、自分が異常ではないかとさえ感じているかもしれません。家族中心の文化に自分はふさわしくないと感じ、まわりの人から拒絶されるに違いないと思い、育児やそのリスクに関する本心を口に出すことを恐れている場合もあります。

これらについて、100件以上もの実験を対象とした分析から、わかったことがあります。「子どもが生まれる前と後にカップルを追跡調査したところ、パートナーとの関係における満足感は子どもが生まれた後、ずっと減少する傾向にあった」そうです。

子どもがいるとお金がかかって、疲労が大きく、ストレスが多く、感情的に消耗します。こんなに大変なのに、出産した病院から赤ん坊を家に連れて帰る日まで、私たちが育児の困難さを正確に思い描こうとしないことが不思議なほどです。「最初の子どもが生まれる前と、後でどちらが幸せか?」と尋ねられた人たちが、生まれた後のほうが、生まれる前よりもはるかに幸福度が低かった、という報告を聞いても、どの親も驚かないでしょう。さらに、「最後の子どもが家を巣立った後、結婚生活における満足度が上昇すること」も報告されています。

そしてあらゆる世代と生活環境において、親である人と、親でない人の幸福度や満足度を比較したところ、根拠はさまざまですが、「親である人のほうが不幸だ」という研究結果も数多くあります。たとえば、よく引き合いに出される研究ですが、「テキサス州では、仕事をもっている母親が日々の生活でポジティブな感情が少なく、ネガティブな感情が多い」と報告されています。彼女たちに前日の1時間ごとの感情のレベルについて質問したところ、「通勤や家事の時間よりも、育児の時間のほうがわずかに楽しいと判断したに過ぎない」ということでした。

育児のせいでしょっちゅう怒りっぽかったりいらだったり、腹を立てたり疲れたり、また病気を心配したりしている人は少なくありません。子どもが生まれた後、自分の世界が縮んだように感じている人もいます。リスクの高い冒険や、情熱に任せたセックスや突然の衝動にサヨナラしなければならないのは、自分1人ではないのです。少なくとも子どもが6歳になるまでの間か、12歳を超えるまでは、結婚生活に強烈な影響を与え、些細な問題やいらだちが、離婚を考えるほどの断絶にまで大きくなってしまうのは自分だけではないでしょう。

数多くの研究からわかっていることですが、「夫婦の衝突の二大要因は『お金』と『子ども』をめぐるもの」だそうです。とはいえ、ストレスや睡眠不足だけでも、あらゆる衝突を大きくする原因になりそうです。父親になりたてのある男性が、あまり上品ではない言い回しでこう言ったように。「子どもたちは計り知れない喜びの源だが、ほかのあらゆる喜びをクソに変えてしまう」と。

多くの親が時には苦痛を感じているとわかれば、自分が変わり者だとあまり感じなくなり、罪悪感もいくらかやわらぐでしょう。「子どもを愛すること」は「育児を愛すること」と同じではありません。育児を嫌う人間が無責任でもなければ、常軌を逸しているわけでもないことは証明されています。にもかかわらず、人生での最大の後悔をこっそりと尋ねられたとき、「親になったことだ」と答える人はめったにいません。実をいえば負担は重いのに、94

パーセントの人が「親になってよかった」と答えました。うんざりする真夜中の授乳、気持ちが沈んだ子どもを抱き締める胸の痛むような瞬間、門限をめぐる対立などは、何年か経てば、私たちに満足感や喜びを与えてくれる貴重で懐かしい思い出に変わります。

一方で、子どもをもたなかったことや、もっと子どもをつくらなかったことへの後悔についても広く知られています。子どもの件でまたしても教頭室に呼び出され、これ以上1日だって育児なんか耐えられないと思う前に、子どもをもたなかったことによる後悔の気持ちなどもあるのだ、という事実を頭に置いておくべきでしょう。

◉実は「大きなトラウマ」よりも「日常の厄介ごと」のほうが悩み深い

育児はまさしく何十年にもわたる単調な仕事です。でも、不愉快な時間をたやすく耐え、より肯定的なものにするためにできる行動はいろいろとあります。やや直感にそぐわないような方法ですが、ちょっと時間をとって、育児中に経験した「大きな困難」と「小さな問題」を分けてみるのです。おそらく「大きな心配ごと」と「小さな心配ごと（厄介ごと）」の2つの列に並べられるでしょう。

最近、自分たちが困っている問題についてある家族が話してくれました。サラとジェイムズの次男は軽度のアスペルガー症候群を患っており、注意欠陥多動性障害（ＡＤＨＤ）もあります。学校ではとてもよくできる教科もあるものの、いくつかの教科には苦労しています。次男には親友が1人いますが、ほかの同級生とはほとんどつき合いがありません。両親の頭には、息子の症状から起きるいろいろな問題がいつもあります。

「大変だというわけじゃありません」と両親は言いました。「『すばらしい』とさえ言えるよい日もたくさんあるんです」。けれども、両親が息子の最新の問題にどう対処しようか、次はどうしたらいいのかと、髪をかきむしって口論する夜もあります。長男は心理的に問題がないように見えますが、勉強するよりも友だちとつき合うほうが好きです。そのため、毎晩のように両親と長男は宿題をめぐってケンカになります。

意外でもありませんが、この家族の「大きな心配ごと」のリストには、次男の「精神的な健康」が入っていました。「小さな心配ごと」のリストには、長男の「宿題をめぐる争い」が入っています。「小さな心配ごと」のリストには日常生活で経験するさまざまな苦労やストレス、傷ついたことも載っていました。たとえば、最近の1週間にあったことですが、ある男の子の母親に「うちの子と遊んでくれませんか」とサラが頼んだところ、とるに足らない理由で断られました。サラは、その母親は自分の息子と次男をつき合わせたくないからだと思い込んでいます。それから、ドライヤーや、ちょっとした物が壊れる出来事が続きました。とどめとして、長男が誕生日にもらったばかりの携帯電話をなくし、それを探すのに何時間もイライラして過ごすという事件がありました。

「大きな心配ごと」と「小さな心配ごと」の2つのリストのうち、この家族をいっそう苦しめて、不幸にするのはどちらでしょうか？　「大きな心配ごと」のリストにある問題のほうが、より大きくて長く続く苦痛をもたらす、とたいていの人は信じているでしょうが、これが思い込みであることが研究からわかっています。実は、それと逆の答えが正解なのです。**生活の中での大きな出来事よりも、日常的に子どもに関して経験するさまざまな厄介ごとや感情の高揚のほうが、幸福に影響を与える**のです。災難よりも、些細ないらだちのほうが悪影響を及ぼすなんて筋が通らない気がするでしょう……でも、理由を考えればわかります。

何年も前、まだ私が独身でひとり暮らしをしていた頃、同じ日に悪いことが2つ起こりました。ずっと前から予約していた、アメリカを横断する飛行機の窓側の席（最後の1席でした）がほかの客に売られてしまった、と航空会社から連絡を受けたことが1つ。そして同じ日のその後の話ですが、高速道路での事故で私の車がめちゃめちゃになってしまったことがもう1つです（事故は私が起こしたものではなく、責任は問われませんでしたが）。

私は、信じられないほど落ち着いて冷静な対応をしました――救助を求め、保険会社と話し、翌日のためにレンタカーを借りる手配などをしたのです。これが非常事態だと直感し、冷静でいなければならない、論理的に考えて自分の力やスキルをかき集めて対処しなければならないと思っていたからでしょう。一方、航空会社からの知らせに対する私の反応はこれと逆でした。航空会社のミスを許せないと感じ、数日経っても、代車を運転しながら腹を立てていました。

ある研究者によると、「人は交通事故、仕事をクビになること、子どもが停学になることなど重大でネガティブな出来事を経験したとき、そうしたものに対処しなければと思い、できるだけ力を尽くして、しかもすばやく災難を乗り越えようとするもの」だそうです。たとえば、友人に慰めを求め、雇い主から助言や仕事の訓練を受け、カウンセラーや医師からセカンドオピニオンをもらって、本やウェブサイトから情報を得ます。さらに、起こったことを受け入れるために「認知作業」と呼ばれることをたくさん行ないます。

私たちは事故が起こったり解雇されたりしたとき、その出来事を正当化し、意味を理解しようとして、明るい面を見ようとするものです。車が事故に遭ってから何分も経たないうち、私は親友に慰めてもらい、「これはよいことなのよ」と自分を納得させようとしていました。これで保険会社から出たお金を使って、ずっとほしかったオープンカーが買えるのだからと。

それとは対照的に、小さな失望やいらだちを感じた後は、そんな出来事に対処する努力がなされません。たとえば、私はミスをした航空会社の社員が異国で安月給をもらって働いており、つらい仕事をしているせいで人間として当然の失敗をしたのだ、というふうには自分を納得させようとはしませんでした。また、このような状況ではどう対応しているかと、他人に助言を求めるとか、情報を得ようとすることもなかったのです。そんなことはやり過ぎだとさえ思ったでしょう。

人は小さな不愉快なことには、友人に相談するなどの「社会的支援」を求めない傾向にあります。その理由の一部は、たとえば、済んだことをくどくどとぼやいているあなたの話を聞けば、最も親しい人の目さえ、どんよりしてくるなど「他人が自分の半分も気にかけてはくれないだろう」と思うからです。

さらに研究からわかったのは、些細なトラウマについて話すと、善意の人たちはそうしたトラウマをたいしたものではないとか、小さなものだというふうに評価し（「飛行機の中でチャーリーが癇癪《かんしゃく》を起したのは運が悪かったね。でも、もっとひどい旅にならなくてよかったじゃないか」など）、さほど不快に感じなくていい、とそれとなくほのめかすものだ、ということです。おかげで、さらに気持ちが滅入ってしまうでしょう。

要するに、重大な問題であれば、それに対処しなければと努力することになり、いまの状況をポジティブに考えようとし、まわりの人から気持ちのうえで強い支援を求めようとします。矛盾しているようですが、**私たちは大きな出来事よりも小さな出来事からのほうが、ずっと続く苦痛や悩みを受ける場合が多いのです。**

たとえば、いくつかの研究からわかっているのは、「人は、少ししか苦しめられない相手よりも、長い間にわたってひどく苦しめられた相手のほうを嫌悪するはずだと思われがちですが、実際はその逆」だということです。つまり、私たちは日常生活で経験するありふれた厄介ごとには、対処するエネルギーをかき集められないといってもいいでしょう。親としての役割には、とりわけそれが当てはまります。

子どもに関する、「小さな厄介ごと」をあれこれと考えてみてください。おそらく娘がパソコンを使うことへのいらだち、昨夜、服を床に散らかしているのを怒鳴ったこと、今朝、赤ん坊が耳の痛みを訴えていることへの不安、自分もパートナーもかなり早い朝の会議があるのでどちらが息子の面倒を見るかと今朝、言い争ったことなど。このように些細だと思われる出来事に対処するためにこそ、なんとか努力することが大切なのです。

◉「育児」と「仕事」は、書くことでバランスをとろう

子どもに関する「大きな心配ごと」の項目を無視してはいけない、と本能的にわかってはいても、すぐにできることではないでしょう。10代の子どもは悪い仲間とつき合うかもしれませんし、中学生の子どもはいじめられているかもしれません。幼稚園に通う子どもが慢性的な病気だと診断される場合もあります。日々の育児というつらい仕事は気にならなくても、深刻な問題が起きると混乱してしまう親がいます。

さらに、親としての試練は特定の子どもに原因があるのではなく、育児全体にどう対処するか、という問題が原因であることも考えられます。配偶者とのバランス、育児と仕事とのバランスなど絶えずバランスをとろうと努力することは、ほとんどありふれた日常的な行動

になっています。多くの親は自信をもってバランスをとっていますが、さまざまなことをやり繰りするのが、途方もなく重荷だと感じる人もいるでしょう。

生まれたばかりの赤ん坊を出産した病院から家に連れ帰ってきた最初の日から、パートナーとは子どもの世話や家事をどのように分担するかについて、何百とはいわないまでも、何ダースもの取り決めをしなければならないはずです。「次のおむつを替えるのは誰か」「次に真夜中に起きるのは誰か」「来週赤ん坊を検診に連れていくのは誰か」などなど。

さらに、パートナーとの役割分担についての対立を解決できたと思っても、（避けられないことですが）子どもが成長したり、次の子どもが生まれたりしてすべての状況が変わってしまうかもしれません。「誰が子どもを車で学校や習いごとをする教室、友だちの家、病院へ送っていくか」「キャンプや学校や治療についての決定はどうするのか」など取り決めのサイクルがまた始まるのです。

家庭と仕事のバランスをとることは、誰が雑用をやるかという争いよりも困難であることは間違いありません。手助けがあったり、柔軟性の効く仕事に就いた人でも、ほとんどの親は、優秀な親であると同時に優秀な社員でいられるほどの時間がない、ということに賛成するでしょう。

キャリアと育児のさまざまなやるべきことのバランスをとろうとすると、ものすごくストレスがたまり、消耗します。注意力や時間やエネルギーをあれこれと奪われ、さまざまな場所へと飛んだりして、いくつもの違った役割を演じることになるからです。

たとえば、職場でストレスが多かった日、父親は家族と距離を置きたがり、母親は子どもに対してあまり温かく接することも反応してあげることもできないかもしれません。そうやって子どもに関する問題を抱えている人は仕事がうまくいかなかったり、疲労したり、職場で業務に集中するのが難しかったりしがちでしょう。さらに、家庭でも仕事でもやるべきことに気を配り、家庭と職場の両方の最前線で感情をコントロールしようとし続けるために精神的に負担がかかり過ぎてストレスが生じ、ついにはうつ状態になってしまうことさえあります。

そうならないためにも、**「あれもこれも同時にやらなければならないことのストレス」が絶望的な状態になって、うつになる前に、正しいバランスのとり方を学び、現在の状況で精一杯のことをするための方法を身につけることが大切です。**

その方法で最も効果的なものの1つが、何かを書いたり記録したりして、育児の苦労の中での感情に意味を見つけることです。オースティンにあるテキサス大学の心理学教授のジェイミー・ペネベイカーは、**「苦悩や悩みについて、心の奥底にある感情を書くこと（ペネベイカーによると、『感情表出』とか『筆記療法』と呼ばれるもの）で、心の健康も体の健康も強くなる」**という発見をしました。いままでに、ペネベイカーとほかの科学者たちはこの発見を裏づけるための研究を１００以上も行ないました。

彼らが用いた方法はとても簡単に真似できます。まずは何も書いていないノートや日記帳を手に入れて、書いてみましょう。少なくとも連続して3日間～5日間、理想としてはもっと長い期間、親として最も困難だったり、最も動揺させられたりした経験についての自分の心の底からの思いや感情を書くのです。

つらかった経験について「定期的に書いた参加者（筆記療法を行なった者）」と、「当たり障りがなかったり、表面的で感情が入らなかったりする話題（寝室の模様替えとか、自分の靴の細かい描写とか）について書いた、自制心の働く参加者」とを科学者が比較すると、「『筆記療法を行なった者』のほうがより幸せで、自分の人生により満足し、落ち込みが少ない」という結果が常に出ました。

さらに、数日間、あるいは数週間後に実験の参加者を追跡してみると、「『筆記療法を行なった者』は数か月にわたって病院へ行く回数が減り、免疫機能がいっそう強くなり、学校や職場での成績が上がり、仕事上の失敗が減り、解雇された後の就職率が高かった」という結果になりました。

ペネベイカーは初めのうち、この方法が成功した秘訣は、ずっと感情をおさえていた人々がカタルシスを感じたり、解放感を覚えたりするせいだと信じていました。たとえば、私たちは仕事で遅く帰ってくることを絶えず後ろめたく感じたり、自分の働きに感謝を示さない妻に腹を立てたり、出張への対応について緊張し過ぎたりするかもしれないと。

でも成功の秘訣は、こうした感情をさらけ出すことよりも、気持ちを書き出してみること自体、つまり言葉そのものにあります。言葉は重要です。強烈な感情やイメージを論理的な話に変えるという行動は、苦悩や苦痛をつくり出している方法やそうしたものへの考え方を変化させ、現実の話と結びつけるのです。

ある知人がこんな話をしてくれました。「動揺させられた経験について書くと、動揺が減り、動揺させられた出来事が押し潰されて小さくなる」というのです。トラウマや困難な経験が減少すると、そうした記憶を薄れさせることがよりすばやく、そしてより効果的にできるようになるからでしょう。

◉物事を大きな視野で見るために

幼児であろうと小学生であろうと、あるいは10代の子であろうと、子どもがいる人生とは、混乱や無秩序な状態の家で暮らすことや、絶えず時間や注意やお金を求められることであり、いらだちや気恥ずかしさや後悔や怒りの波にしばしば襲われることでもあります。ここにあげたすべてが原因で、パニックに陥る場合があるのはいうまでもありません。

このようなときに大切なのは、「大きな視野」で物事を見ることです。「そもそも自分が子どもをもつことを選んだのはなぜか？」「時が経つにつれて親としての経験はどのように変化し、向上していくのか?」「自分は社会や未来の世代にどんな貢献をしたいのか?」というようなものです。大きな視野で物事を見ると、大きな問いが生まれてきます。「人生の目的は何なのか?」「自分はここで何をしているのか?」などと。

一方、人生のさまざまな段階における**最優先事項や最大の関心事について、「個人の視点」で物事を見ることも時に有効です。**子どもと過ごすために毎日夜明け前に起きることが、いまは必要なのかもしれません。10年後に必要なのは、成績が上がるように子どもを叱咤激励することかもしれません。そして20年後には、子どもに電話をかけて精神的な支援をしてあげる必要がある(または、してあげたい)という場合もあるでしょう。

とりわけ年配の人々にとっては、大人になったわが子との関係がうまくいっていることが大きな恩恵になります。「孫をもつことは人生で最もすばらしい経験の1つだ」と、彼らは報告しています。以前よりも女性が子どもを産む年齢は高くなり、子どもが実家で暮らす年月が長くなったという事実はありますが、平均寿命がかなり延びたため、大人になった子どもと親が過ごすという、子どもが巣立った後の年月が途方もなく長くなっているのです。平均的な母親の場合は30・5年、父親の場合は22年という長さは注目すべきでしょう。

「生きる間に獲得した知恵」についてのインタビューで、年長者は子どもとの関係を長い目で見ることの重要性を強調しています。彼らの助言をまとめると次のようになります。

「わが子が5歳や10歳のとき、あるいは15歳のときに、そして子どもが大人になり、自分が中高年になった後のもっと長い年月にわたって、愛情のある人間関係がずっと続いていくために何をしているでしょうか？　というのも、人生が進んでいくにつれて、人は子どもにいてほしいと思うようになるに違いないからです……自分が70代以上になったとき、物事が続いていくという感じや意義、どこかに帰属しているという意識を子どもは与えてくれます。そして最後には、人生におけるよりすばらしい目的という全体的な感覚も与えてくれるのです」

私はノースカロライナ州にあるビジネススクールを訪ねたとき、そこの教授のジョン・リンチから、中学校の理科の先生が行なった授業についての興味深い話を聞きました。その理科の先生はまず、首の部分が太い、透明なガラス製の空の花ビンをもってきて、大きな石をいっぱいに入れます。「花ビンは満杯かな？」と先生は生徒たちに尋ねます。生徒たちは「はい」と答え、実際に花ビンは石でいっぱいに見えます。

すると先生はちょっと教室から出ていって、もう少し小さな石をひとつかみもってくると、それを花ビンに投げ込んだのです。小さな石は大きな石の隙間に入りました。そこで、先生はまた生徒たちに尋ねます。「花ビンは満杯かな？」と。今度は生徒もどういう意味かがわかって、「いいえ」と答えます。「まだ、満杯ではありません」と。「さらにいっぱいにするにはどうしたらいいだろうか？」と先生が質問します。生徒たちは、「もっと小さな石を入れればいい」と答えました。そこで理科の先生は砂を花ビンに入れると、見えていた隙間が全部埋まりました。

それから先生は尋ねます、「この実験からどんなことがわかったかな？」と。「結論にすぐ飛びついてはいけないということです」と生徒が答えました。「いや」と先生は言いました。「この実験からわかったのは、最初に大きな石を入れなさいということだよ」。

この理科の先生の教訓は、**まずは人生における大きな意味のある計画や目標を実行に移しなさい**、ということです。たとえば、自分のコミュニティに貢献したり、子どもを育てたり。そのせいで、すぐさま満足が得られる小さな計画の時間が奪われることになったとしても。人生での大きな石とは何か、小さな石とは何か、また、ひとつかみの砂とは何なのか？　まずそれらを判断し、大きな石に力を注ぎましょう。

◉「休みをとること」のあまり知られていない効果

何年もの間、まわりが見えないほど熱心に育児に専念していると、自分にとっての優先事項や可能性を一歩下がって見直すことはとても難しいでしょう。ゆっくり考える時間がないと、日課の取り組み方はほかにもあることが明らかでも、気づかなくなってしまうかもしれません。そのためには、育児から「休みをとること」は、効果的な1つの方法です。

ここ20年間、家族というものは文化的に大きな変化を経験してきました。そのような変化の1つは、「自分の子どもともっと多くの時間を、しかも良質な時間を過ごしなさい」と親が勧められてきたことです。たとえば、1週間に子どもと過ごす時間は、フルタイムの仕事をもっている母親でさえ、専業主婦の母親よりもたった10時間少ない程度にすぎません。どちらの母親も、子どもの能力を高めるためのきりのない活動をはじめとした、大きな労力が必要な過干渉教育をするべきだ、というプレッシャーをかけられています。その結果、慢性的に不安を抱え、「勝者がすべて」という考え方の親が生まれます。そして完璧主義のせいで、どれほど育児に力を注いでも十分ではない、と感じる親が多くなっているのです。

子どもを生活の中心に置くべき、というこのプレッシャーのせいで、育児を休むなんて考えられないことになっています。たとえば、幼稚園のバザーに既製品のカップケーキをもっていくことさえ後ろめたいとしたら、午後中、または数日間や数週間にわたって子どもの生活から離れることはどんなふうに感じるでしょうか？

育児はこれまでもずっと、義務を伴うものと思われてきました。私たちの先祖は、より大きな村や一族、部族といった背景の中で子どもを育てました。そうした環境では、育児に伴う責任を多くの家族や隣人たちと分かち合えたのです。いくつかの文化やコミュニティにおいては、このような方法が今日でもとられています。

もしも、**燃え尽きてしまって不幸だと感じているなら、優秀な親でいることをやめるべき**

でしょう。 私と夫は年に一度、1週間の休暇をとって、それまで行ったことのなかった近隣の興味深い土地にある、すてきなホテルで過ごしたものでした。家から車でほんの30分ほどのところでしたが、海洋をまるまる1つ隔てているくらい遠くに感じたものです。

友人と交代でベビーシッターをする取り決めをしたり、毎週何時間か人を雇ったりすることで休みをとることができます。そうすれば、親はリラックスでき、まったく何もしない時間を過ごせます。宿泊できるキャンプに子どもを参加させたり、子どもの親友の家族と休暇を過ごさせたりしてもかまいません。方法はいくらでもあるのです。

子どもがいなくても思ったほどは寂しくないかもしれませんし、子どもに会いたくてたまらないかもしれません。それも休みをとって初めてわかることです。いずれにしても、親でいることへの姿勢や、家族と仕事のどちらを優先するかということは、子どもがいる人にはこれからもずっと形を変えて続いていくのです。

チャンスに備えるために

もしも、「子どもがいなければ、心から幸せにはなれないという神話」に賛成していたなら、自分は「育児が嫌いなのだ」と悟ったとき、人生に突然、災難が起こったように思うでしょう。そして「育児が楽しくない」と気づいたときに、まず頭に浮かぶのは、「私は悪い人間に違いない」という考えだったはずです。

問題は、この考えが幸福や育児の質にとって有害なだけでなく、まったく間違いだということです。研究結果からも、「このような感じ方はよくあることだ」とわかっています。だから、「子どもがとても大きな喜びを与えてくれる」という思い込みが誤りであるとわかれば、このように感じるのが自分だけではないと思えるでしょう。育児をもっと大きな視野から考えること、自分の幸せにはどんな状況が最も影響を及ぼすかを思案すること、記録することを通じてバランスをとり続けること、そして、親業から休みをとることで、育児の最悪の時期を切り抜け、最高の時期を楽しむための解決策が得られ、力をもらえます。

世界にとって、自分は単なる何億人のうちの1人かもしれませんが、あなたを全世界だと思う人もいるかもしれないのです。そのためにできることを1つひとつやってみてください。

誤った神話
07
パートナーがいないと、幸せになれない

私はある女性から次のような手紙をもらいました。彼女はこれまで幸福度を高めるエクササイズをいろいろ試してきたそうです。

さまざまなエクササイズは、私の人生のほとんどすべての面でかなり役に立ちました。私にとって、幸せでいることは前よりもたやすくなったのですが、伴侶がいないことを思うと、かなり落ち込んでしまいます。

私は感謝して毎日を過ごし、人に親切にしたり愛情を示したりしていますが、幸せそうなカップルを見るとつらくなり、態度が変わってしまうのです。カップルが愛情や交流の喜びを示している姿をじっと見つめるとき、私は微笑をつくっていますが、心の中は憂うつで孤独感を味わっています。

自分がもっているものに感謝しても、愛を分かち合う人がいないせいで、とても悲し

くなってしまうのです。パートナーがいないことで感じてしまう悲しみや、自分は価値のない人間だという気持ちを、どうやって克服すればいいのでしょうか？

この女性の経験が表わしているように、孤独であることの苦痛は激しいものです。もし、「ずっと孤独なのではないだろうか」という思いに毎日悩まされているなら、どの行動をとるべきか、とるべきでないか、いくつか選択を迫られることになるでしょう。どの道をいけば最も幸せで、最も充実するかを決める前に、「1人でいること」の意味と影響について理解しておかねばなりません。また、自分の感情の原因がどこにあるのかも突き止めましょう。

◉「悲しい独り者」という誤った神話

アメリカ人の大半は、やがて結婚するか、長期にわたる交際へ進んでいきます。もし、そのどちらでもないという少数派の人なら、失望や孤独から拒絶や怒りまでさまざまな感情を長い間にわたって耐えてきたのかもしれません。雇用主や国税庁や政治制度からも差別されたり、社会から嫌なレッテルを貼られたり、調査員から無視されたり、新婚の友人たちから鼻であしらわれたりといったこともあったかもしれません。

もし、おとぎ話に出てくるような結婚式や、毎晩パートナーと料理することを期待しているのなら、ずっと独身でいることはつらいに違いありません。でも、ロマンチックなおとぎ話がどこまで社会的な規範（私たちが人生のそれぞれのステージで達成するようにと期待されている条件のこと）によって煽られているのか、また両親や親戚や結婚した友人などによって刺激されたものなのかどうかを調べることは賢明な判断です。

「パートナーや伴侶を見つけたときだけ本物の幸せが見つかる」という思い込みを招くのは、現実離れした空想です。「どんな気持ちがするか？」とか、「どんな行動をとるか？」といった判断をする前に、この「誤った幸せの神話」に対する真の価値について調べることが重要です。

多くのメディアや専門家の関心は、「最も幸福な人間は結婚した人だ」という考え方に集中しています。これは厳密にいえば間違いではありませんが、研究から次のようなことが明らかになっているのです。「結婚した人は、全体的に前よりも幸せな生活を送っていると報告されますが、必ずしも一瞬一瞬において、人々がより多くの幸せを感じているわけではない」ということです。理由の一部は、「全体的にあなたは幸せですか？」という質問によって、結婚したことを意味のある、より幸福なことだと思わなければならないという圧力がかけられているせいでしょう。

たとえば、「結婚した女性がいつもどんなことに時間を費やしているか？」を追跡した研究から、「結婚が女性にメリットとデメリットの両方を与えている」とわかりました。こうしたメリットやデメリットは互いに相殺し合っているように見えます。「既婚女性は未婚女性よりもひとりで過ごす時間が少なく、セックスの時間はより多いという面があるものの、友人と過ごす時間は少なく、読書の時間やテレビを観る時間はより少なく、雑用や食事の支度や子どもの世話をする時間がより多い」のです。結婚に関するこの発見の大半は、互いに信頼し合う長期にわたる恋愛関係にもほとんど当てはまります。

さらに、「既婚者が未婚の同僚よりも全体として人生に満足していること」が報告されているとはいえ、「この満足度の差が一番大きいのは、離婚者や別居中の人や伴侶を亡くした人と既婚者を比較した場合であること」がわかりました。初めからずっと独身の人はきわめて楽しく暮らしているのです。

このようなデータは、私がこれまでの著書などで述べた研究結果とも一致しています。1761人の独身者を対象にし、彼らが結婚した後も15年以上にわたって結婚生活の様子を追った研究結果です。この研究からわかったのは、新婚の人々が結婚によって幸福感の急上昇を体験するのは、平均して2年ほどの間ということでした。結婚して2年が経つと、少なくとも幸福に関しては、通常の幸福度へ戻ってしまったのです。独身者は幸福感の急上昇を経験することはありませんが、幸福度が減るという経験もしません。

「独身であること」と「健康」について、これと似たような話をしましょう。たとえば、離婚したことがない既婚者は、離婚した人よりも健康で長生きしますが、独身を続けている人も、ずっと結婚している人と同じくらい健康で長生きします。これは驚くようなことかもしれません。なぜなら、多くの人々にとって結婚や愛、親密な関係は、幸福やアイデンティティ、人生の意味の源だと思われているからです。

「私たちの文化には、強烈な核家族指向がある」と主張する人さえいます。そのため、独身者は「人生での最も優れた経験を手に入れ損なった」と見なされ、私に手紙を書いてきたあの匿名の女性のように、既婚者よりも寂しくて悲しく、より困窮していて、成熟していないとさえ思われてしまうのです。しかし、それは間違っています。

生涯を独身で過ごす人が恵まれていない、ということは決してありません。彼らは人生において、友人やきょうだい、親戚、コミュニティ、仕事、大義に献身することなど、ほかのいろいろな面から価値や目的を引き出すからです。つまり、独身者は「1つのことにすべての希望をかけるな」という、よくいわれる助言を聞き入れているのかもしれません。

たとえば、株式仲買人《なかがいにん》、サイクリスト、園芸愛好家、そして姉や友人とさまざまな顔をもつ独身女性は、結婚の恩恵を当てにしないので、何かうまくいかないことがあっても、自信や達成感や生きる喜びを失いにくいのです。どんな選択をしようと、あるいは人生で欠けたものがあろうとも、彼女たちはいつも自分が得意なものや楽しめるものをもっています。トライアスロンに打ち込むこととか、親友とおいしいランチをとること、仕事のプレゼンテーションがうまくいくことなどもそうです。

ここに最も注目に値する事実があります。それは、「独身の人も、長続きする実り多い人間関係を築いていること」です。既婚の（あるいは結婚したことがあった）同僚たちに比べて、彼らはきょうだい、いとこ、姪や甥といっそう親しい傾向にあります。年をとっても新しい友だちをつくり、友人とよく連絡をとり続けるのです。

実際に、研究によってわかっているのは、**独身者が親しくつき合っている人は自分で選んだ相手なのに対して、既婚者が親しくしている人はほかの人によって選ばれた相手（たとえば、子どもの友人の親、親戚、配偶者の友人など）である場合が多いこと**です。とくに、ずっと独身だった年配の女性の多くは、重要で意味のある友だちづき合いをしている相手が10人ほどいて、交際は何十年も続いています。結婚している読者のみなさん（とくに親であるみなさん）は、同じことが当てはまるでしょうか？

いつでも、そしてどんな場合でも「自分にとってすべてであり得る1人の人」などというものは存在しません。たとえ「人生で最も愛する人」でさえも。人は、個人的な危機のとき、精神的な支えとなってくれる人を求めます。最近の政治的な出来事についての知的な刺激や洞察を得たいと思うときもあります。財政面での助言を求める場合もあるでしょう。また、熱心に褒めてもらいたい場合もあります。「マンネリから抜け出すように、背中を押してくれる誰かがいてくれたら……」と思う場合もあるかもしれません。

しかし、パートナーがあなたの欲求をすべてかなえることはとうてい無理ですから、1人にたくさんのことを頼っている人ほど成功しにくいでしょう。何十年もかけて大切に育んできて、真夜中に助けを求めて電話をかけられるような友だちがいる独身の人々は、緊急時やトラブルが起こったとき、ストレスにさらされたとき、大成功したときに、少なくとも結婚している人と同程度の、またはもっと多くの恩恵を受けられる立場にいるのです。「強力で温かく、充実した人間関係のおかげで私たちは幸せになれること」が、豊富な研究から明らかになっています。その鍵となる人間関係は、性的なものである必要も、ロマンチックなものである必要もないのです。

◉自ら幸せだと思う「最高の自分」になるには

「恋愛関係にあるパートナーがいないと、幸せになれない」と強く感じる場合、いくつかの選択肢があります。1つは、**最高の自分になれるようにと努力し、できるだけ多くの人と会ったりデートしたりするという方法**です。やがて、その中の1人が「理想の相手」だとわかるときがくるかもしれません。私はこの選択について多くを語るつもりはありませんが、数々の名言や記事や本が、この目標を理解するうえで助けとなってくれるでしょう。

ほかの選択肢については、**恋愛関係になるパートナーがいなくても間違いなく幸せになれ**

ると判断すること、パートナーを得ようという目標を捨てること、独身者としての人生を充実した豊かなものにすることがあります。

ただし、「パートナーを得ること」を人生で最も重要な夢にしなくても、「将来、誰かと恋愛関係になれる」という可能性は残しておきましょう。いずれにしても、私たちは最も幸福で楽観的で豊かで成功した人間になるために最大の努力ができ、なろうとしている新しい自分は最高の伴侶を引きつける可能性があるのです。

では、どうしたら心から楽観的な人間になれるのでしょうか？　科学の論文にはいくつかアドバイスが載っています。まず「楽観主義」という特徴がどのように定義されているのかを考えなければなりません。「楽観主義」について誤解している人もいるでしょう。多くの人は「楽観主義」を、１７５９年にフランスの啓蒙思想家のヴォルテールが提案した定義を思わせる考え方でとらえています。つまり、「楽観主義者」とは「物事が悪化したときに、『すべてがうまくいっている』と言い張る異常な人」であると。

実のところ、私のような研究者の多くはもっと狭い定義を選んでいます。**「楽観主義とは、何もかも、極端には悪くならないだろうと信じている」**というものです。寂しくて孤独だと感じるときに最高の自分をつくるには、少なくとも初めのうちはこのような「ささやかな楽観主義」が必要でしょう。「今日１日を乗り切れる」という期待。「望むものをすべてかなえることは無理だけれど、いくつかは達成できる」と思うこと。「自分の人生を信じてもいい」

と考えること。「打ちのめされる必要はない」と思うこと。「物事がうまくいかなくても、やがてよくなる」と思うことなど。

「楽観主義」をどの程度信じられるかはさておき、将来のことを考えると心が揺れ動く人は多いでしょう。幸い、ポジティブな考え方を強めることができるおびただしい数の研究結果が示されています。**最も効果的な方法は、毎日10分〜20分の時間をかけて定期的に記録をつけることです。**「10年後、私は結婚して家をもっているだろう」など、将来への夢や希望を書き記し、そうした夢や希望がかなうところを思い浮かべ、達成するにはどうしたらいいか、実現したらどんな感じがするか、ということを書きます。2分くらいの短い時間しかなくても、このトレーニングをすることによって、もっと幸福に、もっと健康になれるのです。

とはいえ、まぎれもなく楽観的な考え方をしているのに、過酷な現実に立ち向かえなくなるときもあるでしょう。ネガティブな推測や結果のほうに考えが向くときもあるでしょう。そのような場合は、あえて自分の状況をもっとポジティブに解釈し直し、**ネガティブな考え方と戦うのに役立つ有効な方法**を試すのもお勧めです。たとえば、次の3つを紙に書いてみましょう。

①現在の問題や障害（「真実の愛を見つける、という夢は決してかなわないだろう」といった、つい浮かんでくる考え、など）

②そうした障害についての最初の解釈（あらゆる人間関係を自分がめちゃめちゃにしてしまったからだ、など）
③ポジティブに解釈し直した考え（この5年間に私はかなり大人になったし、人を判断する目も以前より鍛えられた、など）

もちろん、目標には手が届かないといった、運命には逆らえないという判断が正しい場合もあります。たとえば、匿名で私に手紙を書いてきたあの女性が「自分と愛を分かち合ってくれる人が誰もいない」という結論を出したのは、悲観的かもしれませんが、それは根拠のないとらえ方でも、理屈に合わないものでもないのです。なぜなら、そのような状況に置かれたとき、悲観主義者よりも、楽観主義者のほうが実行が難しそうな目標（たとえば、39歳の女性が40歳までに結婚して妊娠しようと決心することなど）をあきらめる傾向が強い、といわれているからです。

いずれにせよ、よりポジティブになり、楽観主義者になろうとすれば、いろいろなチャンスを違った目で見られるようになり、世界が可能性や驚きに満ちたところだと思えるようになります。これからもずっと孤独だろう、という感覚は正しいかもしれないし、間違っているかもしれません。けれども、物事に熱中し続け、ポジティブな見方を持ち続けて努力を続けることで、結果は変わってくるのです。

◉解決策の1つは「目標の方向性を変えること」

いつまでも理想の男性や女性を追い続ける人がいる一方で、そのような理想からすっかり自由になることを選ぶ人もいます。理想の追求をやめる理由は複雑かもしれず、それを解明するには、現在、独り身でいる理由を探る必要があるかもしれません。

たとえば、異性と積極的につき合わなかった原因として、お手本となる人がそんなにいなかったり、あまり交際をする経験がなかったせいだったり、次のステップ（親密になったり、相手に献身したり、歩み寄ったりすること）に進むのが怖かったせいだったり、さまざまな失敗をしたこと（裏切られたり、拒絶されたり、傷ついたりしたこと）のせいだったとしましょう。それらが原因なら、専門家のセラピーを受けたり、友人や自己啓発書による指導を受けたりすることを考えるのも1つの方法です。

独身でいる理由として、1人でいるほうが本当に好きだからという場合もあります。ただ、そのことに自分で気づいていない（または、気づきたくない）かもしれません。あるいは費用対効果を分析して現在の状況を考えたところ、パートナーがいないほうがよい状態であるとか、自分の性格やライフスタイルに合うパートナーが見つかる可能性はとても低い、と判断したからかもしれません。

では、「これからの人生を親密な伴侶と過ごす」という目標をあきらめるなら、どんなふうに人生に取り組んでいったらいいのでしょうか？　研究からわかっているのは、**「非現実的な目標に向き合っている人は、そんな目標をあきらめて、新しくて意味のある活動に取り組むほうがはるかに幸せになれる」**ということです。そして、責任をもって前進していくためには、3つのステップが必要なことが明らかになっています。

第1に、**交際相手を探す努力を少なくすること**です。たとえば、交際相手をお膳立てしないでほしいと友人に伝えたり、出会った人々を結婚相手の候補かどうかと思うのではなく、友人や親友になれるかどうかと考えるようにします。

第2に、**「結婚相手を見つける」という目標は意味のあるものでも重要なものでもなく、幸せになるには不可欠だとも考えないようにすること**です。

第3に、**代わりとなるさまざまな活動（旧友との関係をもっと深める、養子をもらう、学校に再び通うなど）を探し、追求し始めること**です。そしてすばらしい伴侶になるより、すばらしい友人になるなど、自分自身や自分のアイデンティティについて別の考え方をすることを少しずつ学んでいくとよいでしょう。

今日のアメリカの成人の半数は独身者です。そして最近の研究によると、「独身というライフスタイルを進んで選ぶ人がますます増えている」そうです。ポジティブな独身者のコミュニティと交流すると、心がなごみ、元気づけられます。「生涯のパートナーを見つける」

という目標に費やしていた時間やエネルギーを、「お手本となるような友人やリーダーやおじさんになる」という目標に注ぐのです。

「独身でいることの問題」に関係する研究でさらにわかったことがあります。それは、「別れを経験したばかりの人々に、新しい親密な関係を追い求める傾向が見られたこと」です。恋愛関係になる新しいパートナーを見つける機会を得にくかった人々（この場合、年配の人を指します）は、「伴侶を見つける」という目標をあきらめる傾向が強く、その結果、時間が経つにつれていっそうの幸せが得られるようになったそうです。それとは対照的に、若い人の場合は、「伴侶を探す」という目標をあきらめない傾向が強く、時が経つにつれて不幸になっていったのです。

この研究には少しがっかりさせられるかもしれませんが、そこにふくまれた意味を考えてみる価値はあるでしょう。いったいどの時点まで、人は独身であることをくよくよと悩み続けるのか？　また、存在しないかもしれない理想の相手を見つけようと願い続けるのでしょうか？　いつになったら、現在の人生を喜んで受け入れ、別の計画へと前進していくのでしょうか？

１９５０年代、著名な精神分析学者のドナルド・ウィニコットが「ほどほどによい母親」という概念を紹介しました。母親が子どものあらゆる要求にすぐさま完璧に応えようと努力するのではなく、社会に適応できる大人として育ってくれればいい、という程度の育児をするものです。おそらくこの章のテーマの中心にある、**「どこで見きわめをつけるか」という問題に直面しているとしたら、「ほどほどによい独身者としての人生」へ進んでいくのかどうかを考えるのがよいのではないでしょうか。**

チャンスに備えるために

「私は孤独で、これからもずっとそうだろう」と思うような重大な局面では、痛みを感じる人が多いことは否定できません。そのような岐路にいる場合、いまの状況をよくよく考え続けてずっとみじめなままでいる、という選択もあります。一方、積極的に行動することもできます。たとえば、個人としての人生を充実させようとしつつも、出会いの可能性は残しておくというようにです。そうすると、「自分を幸せにしてくれる男性（または女性）など必要ない」と気づくこともあるかもしれません。

もし、「私は1人きりだと絶対に幸せになれない」とか「私は失敗者だ」と、すぐに思い浮かんだなら、「結婚したい」という願望が本当に自分の心から出たものなのか、家族や文化的な背景によって促されたものなのかを考えてみてください。

「既婚者は、独身者ほど幸せではない」ことを、説得力をもって示す研究結果もあります。そして、「独身者は、男女関係以外の人間関係や目標を追うことに幸せや生きがいを見いだしていること」もわかっています。

もし、独身でいたくないなら、その状況を変えることから始めましょう。もし、自分の生活を変えたくないなら、または変えられないなら、まず考え方を変えるのです。そうはいっても、「パートナーといなければ幸せになれない」という思い込みは根強いものです。でも、それと同じくらいこれはまったく間違っているという研究結果があることも強力な事実です。この事実を知れば、ひと息ついて、きっと新たな道や期待に心を開くようになるはずです。

PART Ⅲ

「年齢」と「健康」にまつわる誤った神話

壮年期や中年期以降には、人生の重要なターニングポイントがいくつもあります。そこでは自分の過去を呼び起こすこともあれば、現在をどうにか切り抜けたり、どれほど幸運でも人生では逃れられない逆境をなんとかしのいだりするといったことがあるかもしれません。

この人生の節目では、それまで発揮できなかった潜在能力がしだいに目立ってきたり、「何年も無駄に過ごしただけだろうか」と悩んだり、「もう一度若くなりたい」と思ったり、後悔しているものを突き止めて、過ぎ去った可能性に取り組んだりするかもしれません。

さらに、病気の診断で悪い結果が出るとか、「夢の大半をかなえる時間はもうない」と悟るとか、自分が「年老いてしまった」と思ったときは、予測したことではあっても、こうした重要な人生の節目において危機的な状態に陥りやすくなります。けれども、恐怖心を煽る、このような思い込みを見直し、もっと健全な方法を見つけて、人生の節目や予想外の事実に対応していきましょう。

誤った神話

08

検査結果が陽性だったら、幸せになれない

何かを考えていて、はっと悟ったり啓示を受けたりするようなときがあるでしょう。または、ただ目が覚めるのではなく、打ちのめされるような、自分ではどうにもならない出来事が起こることもあります。緊急に治療が必要な病気だと診断されたり、健康状態がよくないと告げられたりすることが、そうした出来事の代表例です。

故エリザベス・エドワーズは彼女の回想録『Resilience』（日本語訳なし）の中で、乳ガンが再発したと知ったときのことを語っています。もはやガンで死ぬとしか考えられなくなったときのことを、彼女はこんなふうに思い出しました……

……私が着ていた服、その日の天気、医師の言葉、夫ジョンと娘ケイトが座っていた場所。病院で最初に入った小さな部屋……ベッドが1台とシンクがある地下の部屋。骨のスキャンとCTの結果を、ジョンと私が何時間も待ち、「ガン」という言葉が口にさ

れたのを初めて聞いたその部屋から、最近の部屋まで……もはやガン細胞がおさえられず、２か所に転移してしまったと私たちが聞いた場所。おだやかな人生が変化して、見るからに大きくなってしまった瞬間だった……ガンが再発したのだ。「ガン細胞は決して消えない」と医師から言われるだろうとは思っていた。その瞬間、いつかついに命を奪われるまでずっとガンを抱えていかねばならないことを確信した瞬間、生きるためのあらゆる理由が、死ぬためのあらゆる理由が、生きるための可能な方法がすべて私の前で踊っていた……その中から、私が道を選ぶまで。生きるか。死ぬか。戦うか。身もだえした。抱擁を求めた。私を抱いて。泣いて。泣いて。泣いて。

考えたくはありませんが、このような状況の変化が自分の身に起きたとします。最も恐れていたことが現実になったら、ただ泣きわめき、絶望にかられるでしょう。「二度と幸福にはなれない」と思うに違いありません。

この章では、こんな最悪のシナリオについての反応や予測が、幸福についての思い込みに支配されているのだ、ということを納得してほしいと思います。「実際に診断の結果が陽性だという事態に直面したとき、病気を抱えて生きる時間がすべてみじめなものでも無益なものでもないし、それどころか、成長したり、意義があったりする時期になること」が、多くの研究から明らかになっているからです。

◉「見えるもの」とは、自分が「見ようと決めたもの」

自分が致命的な病気だとわかったとき、たとえ望まなくても、特定の情報や問題に目を向けることをしいられますし、特殊な事柄の詳細や症状を考えることからは逃れられません。しかし、このような悪いことが自分の身に起こったときですら、思っている以上に私たちは現実をもっとコントロールできるのです。

エドワーズは自分の病気がいずれ死に至るものだと理解していました。それはどうすることもできませんでしたが、彼女がコントロールできるものもありました。病気によっていま奪われるものについては、自分の思い通りに調整できるのです。エドワーズはこんなふうに書いています。

病気への抵抗の一部はシンプルなものでした。つまり、明日を恐れて今日のすばらしさを台なしにはしない、ということです……恐怖によって力を得ることは、拒絶することと同じように見えるかもしれません。でも、恐れていても、診断結果は変わらないのです。変えられるのは、現在と、避けられない結末との間にいる自分の感じ方だけです。

この考え方を理解し、「自分の経験がどんなものであり、どんなものではないか」を判断し、「人生がかつてはどうだったか、そして未来はどうなるのか」を決める力をもてば、人生が変わる可能性があります。毎日のあらゆる時間、何かに注意を向けることを選び、それ以外のたいていのことは無視したり見過ごしたりすることにして、浮かんでくるものを押さえつけたり、考えないようにしてみるのです。自分が関心を向けようと選んだものが人生の一部となり、残りのものは抜け落ちてしまうでしょう。

たとえば、慢性的な病気にかかっているとします。1日のほとんどを、「この病気のせいで人生がだめになった」とくよくよ考えて過ごすかもしれません。または、ジムでのエクササイズや姪たちと親しくすることや、自分のスピリチュアルな面に目を向けることに時間を費やすかもしれません。このように、人は心の状態を変えることによって、自分の人生をたやすく変えられるのです。

「病気に対する向き合い方」について、私が気に入っている引用句の1つには次のように表わされています。

「私の経験は、自分が関心を向けたいと思うものである」

哲学者であり、心理学者でもあるウィリアム・ジェームズはこう書きました。「私が気づいたものだけが私の心を形づくる」（1890年の『心理学の諸原理』）と。考えてみると、本当に唖然とさせられますが、この考え方は、人生の経験とは、自分が焦点を当てることを選んだものだ、といっています。**もし、何かを見なかったり、聞かなかったり、あるいはほかの感覚で感じたりしなかったら、少なくとも自分にとってはそれは存在さえしないことになるのです。**

健康についての予測の見通しが暗いときもあれば、明るいときもあるのはなぜでしょうか？　時間が飛ぶように過ぎるときもあれば、じっとして動かないときもあるのはなぜでしょう？　それは、**人がどのように世界を経験しているかということの大部分は、何に注意を向けているかによって決まる**からです。

環境における無数の要因（自分の現在の思考の流れ、記憶、期待。人生におけるさまざまな人の顔や要求や、彼らとの会話。まわりのあらゆる光景や音。自然のものにせよ、人工のものにせよ、目に入るすべての物事）から、私たちは注意を向けるものを感じ取り、最終的にいくつかを選んで、それ以外のものはすべて無視しています。目標を選びとるこのプロセスは、実のところ順応性があり、私たちが生き延びる力を強めてくれるのです。

人間は感じ取るものすべてに反応するわけにはいきません。そんなことになれば、負担がかかり過ぎ、圧倒されてしまい、何もできなくなるでしょう。たとえば、統合失調症の原因の一部は、無関係の情報を脳が除去できないことです。統合失調症の患者は、意味を理解できないほどのおびただしい量の刺激を与えられてしまうため、治療をしなければ障害が出るのです。1つのものに注意を向けるとき、ほかのものに注意が向かないのは当たり前です。何かに関心を向ければエネルギーを使いますし、自分が関心を向けられないものはあきらめるしかありません。

少なくとも1人くらいは、ときどきボーッとしてしまいがちな人があなたの身近にいるでしょう。その人がそんな状態になったとき、「自分の小さな世界に入ってしまったな」とまわりの人にははっきりとわかります。「自分の小さな世界」という比喩は、私たちが思っているよりも正確にこの状態を伝えています。

最近、仲間と話したときのことを思い出してみてください。たとえば、同僚とランチを食べていたときや、送迎されて帰ってくる子どもを待つとき、グループの誰かが、まったく無関係なことに注意を向けていると気づいて驚いた経験はありませんか？　最近の悲しいニュースにひどく動揺し、そのことしか考えられなかった仲間がいたかもしれません。または、片思いの相手がその場に現われたので心臓がドキドキしていた人がいたかもしれません。要するに、何人かがある時間に同じ状況にいたとしても、「それぞれが別々の世界に住んでいる」という言い方は正しいのです。

このことから、「現実」とは、かなりいろんな見方ができるものではないかと考えられます。あなたの現実は私の現実と違いますし、その違いは、各自がどんなことに注意を向けて過ごしているか、というところから生まれます。あなたの人生の歴史を形づくっている思い出も、同様に制約されたものです。私が「覚えていよう」とおそらく無意識に選んだ子どもの頃の特定の出来事は、あなたが「覚えていよう」と選んだものとまったく違うかもしれません。その結果、ある2人の人間が、たとえば子どもの頃に一緒に遊んだなどのさまざまな経験を分かち合っても、その過去を振り返ってみると、彼らの覚えているものや感じ方にはかなりの差があり、全然違う経験をしたのではないかと思える場合もあるでしょう。

私が気に入っている研究の1つは、この「別々の現実」という考え方を裏づけています。これはカップルにそれぞれ「前の週にどんなことをしたか？」「どんなことがあったか？」を尋ねてみる、というものです。たとえば、こんな質問をしてみます。先週、あなたと配偶者はケンカをしましたか？　一緒にテレビを見ましたか？　セックスしましたか？　スポーツのイベントに参加しましたか？　子どもについての問題がありましたか？

この研究から驚くべきことがわかりました。夫と妻の意見はまったく違っていたのです。実際、夫ではなく、赤の他人の男性を連れてきてこのアンケートに答えさせ、先週、あなたの家族にどんなことがあったかを推測させたとしても、その答えは夫の答えと似たようなものになったでしょう。つまり、この研究結果からわかったのは、「配偶者はあなたとはまったく違った経験をしている」ということです。

「何に焦点を当てるか」で、心の中に見えるものは変わる

簡単にいえば、心理科学とは、「自分が見ているものや注意を向けるもの、あるいは見過ごしてしまうものに、自分自身が力を及ぼすことができる」と考えるものです。その世界をある特定の方法で見なそうと決める、しばしば気力をくじかれそうな方法は、どうやったらうまくできるのでしょうか？　悪いニュース、つらい病気、日々の苦しみや発作などさまざまな出来事が、かなり強制的に、私たちが注意を向けるものに影響を与えるのですからなおさらです。これに対する答えとしてはずいぶん極端な例になりますが、まずは優れた経済学者にして作家でもあるロバート・フランクの言葉を借りてきましょう。

ホロコースト（ナチス政権とその協力者によるユダヤ人の殺戮《さつりく》）を生き延びたある人が、かつて私に話してくれたことがあった。収容所での彼の存在は2つの心理的な空間にあったという。

1つの空間では、言葉にならないほどその状況を恐れている自分を、はっきりと意識していたそうだ。だが、もう1つの空間では、人生が不気味なほど平常のものに見えたという。

この2つ目の空間での毎日は、挑戦できる余地もあり、かなりうまく対処できた日は、

昔過ごしたよい日々ととても似たように感じられたのだった。彼はこう説明した。生き延びるためには、第2の空間でできるだけ多くの時間を過ごし、第1の空間ではできるだけ時間を過ごさないことが大事だった、と。

この人が成功した方法は、ウィリアム・ジェームズの言葉、「心を自分のものにする」、あるいは「注意を集中すること」と関わりがあります。相当な努力や全力投球することが求められるとはいえ、この芸当をやってのける能力は誰にでもあるでしょう。「自分の病気について落ち込んでくよくよと悲観的に考えまいとする行為や、悪いことの裏にあるよいことに関心を向けることは骨が折れる」と感じる理由の1つは、こうした行動をとると、重要なエネルギーや精神力が失われてしまうからです。

したがって、「集中するには、定期的に休憩を与えるべきだ」と主張する研究者もいます。集中力を休めるには、眠ったり（眠れたらいいのにとか、眠りたいのに眠れないときもかなりありますが）、自動的にやってしまうくらい習慣となった行動をとったり、考えたりするのです。とはいえ、悪い習慣がたくさん身についていたとしたら、この方法も有害でしょう。

「自然」がもたらす心のやすらぎ

心に重い負担がのしかかっていると気づき、幸せになれる（少なくともあまり不幸ではなくなる）ものに注意を向け続ける力を強めたい、としましょう。そのようなときに、注意力を休める興味深い方法を1つ提案します。それは**自然の中や自然の近くで、より多くの時間を過ごすこと**です。

ある研究結果が明らかにしているのは、「オークの木の下に座ったり、日没を眺めるなど自然の環境を体験しているとき、人の注意力は潮の香りを嗅いだり、虹のさまざまな色を見分けたりするなど自分の感覚を通じて、そうした自然に引きつけられてしまう」ということです。このような行動は、精神的な努力がほとんど必要とされませんし、情緒豊かに物事を考えられるでしょう。

これとは対照的に、金属製のイスに座る、スマートフォンでメールを打つなど、人工的な環境を経験しているとき、人の注意力はパトカーのサイレンや自動車の広告の看板などをはじめ、そうしたものに力づくで奪われてしまいます。たとえば、車の警笛が聞こえていても本を読もうとするとか、広告の写真を無視する場合などのように、別のものに注意を向けるには精神的な努力が必要になるでしょう。注意をそらさせようとするものばかりがある、自然と無関係の環境（都市が典型ですが）は、あまりおだやかなものではなく、リラックスさせてくれません。

ですから、都市や人工の環境のせいで心が疲れてしまう一方で、自然の環境によって人は元気を回復させるのです。自然によって幸福感が高まり、ストレスがやわらぎます。それだけではなく、自然は人の注意力も回復させます。たとえば、一連の研究から明らかになったのは、**「自然の中で15分間ぶらぶらした人は喜びが増しただけでなく、人生における小さな問題、あるいは未解決の事柄をよりよく解決できるようになった」**ということです。その割合は、都市の環境でぶらぶらしたり、自然の環境でビデオを見たりした人よりも高かったのです。

「瞑想」がもたらす心のやすらぎ

注意を向け直す能力を高めるもう1つの方法は、瞑想を通じて心を鍛錬することです。瞑想にはさまざまなやり方があります。異なった文化の伝統に根づいたもの、いろいろなテクニックに頼るものもあるでしょう。しかし、中心となる部分のテクニックはほとんどが共通しています。

瞑想すると、体がリラックスし、呼吸のしかたをトレーニングでき、いまここに自分が存在していることを心に留められるようになります。たいていは瞑想用に確保された特別の場所で行なわれ、日常的な雑事は持ち込まないようにします。瞑想の主な目的の1つは、心の中の静寂を獲得し、絶えず心に浮かんでくる考えから自由になることです。

世界中で昔から行なわれてきた瞑想のテクニックはいろいろとありますが、よく知られているのは次の3つでしょう。

1つ目はヒンドゥー教の瞑想で用いられるように、言葉や句（別名、マントラ、あるいは呪文）を繰り返すものです。

2つ目は仏教の瞑想で、呼吸に焦点を当て、呼吸が常に自分とともにあることを意識したり、床を箒《ほうき》で掃くとか、雑巾を絞るといった活動を繰り返し行なったりするものです（禅の瞑想）。

そして3つ目は、よく行なわれる瞑想のテクニックで、言葉に表わすのは難しいのですが、頭の中で動いている思考に干渉されずに自分の考えを手放してしまうことが求められるものです。つまり、自分の考えを受動的に観察して受け入れるだけです。それについて判断を下したり、理解しようとしたり、どかそうとしたりしてはなりません。

脳裏に侵入してくる思考を許して動揺した、呼吸以外のところに注意が向いてしまうなど、ここにあげたそれぞれのテクニックで行き詰まってしまったら、失敗を観察して認識することを学び、再び集中しましょう。

このように、瞑想をトレーニングすればするほど、思考がどこかへさまよっているときにはそのことがいっそうわかるようになり、好ましくない対象（「こんなことは私の手に負えない」といった考え）からさらに逃れられるようになって、望ましい対象（「私は強い」と考えることなど）に注意をもっと向け直せるようになるでしょう。

どうして、人は瞑想をするのでしょうか？　日々の生活における単調な仕事やストレスや雑念から小休止をしたくて瞑想を行なう人が多いでしょう。ある種の平和や平穏を得たいと思う人や、エネルギーや集中力を取り戻したいから、という人もたくさんいます。ただ、そのような境地に達するのはとても難しく、相当な努力や練習、トレーニング、集中力、スキルが求められ、かなり苦労するでしょう。けれども、得られる恩恵は非常に大きいはずです。

研究結果で最も興味深いのは、「瞑想が注意力にかなりの効果があるとわかったこと」です。予想通りかもしれませんが、時間と労力を注いで瞑想をし続ければ、物事に焦点を当てたり、注意を向けたり向け直したりする能力が目覚ましく進歩するはずです。

◉成功がさらなる成功を生む「マタイ効果」

・濃厚なダーク・チョコレートを食べたときの糖分による興奮状態
・上等な辛口のワインのひと口目
・ひさびさの休暇
・上司から褒められたという満足感
・子どもとふれ合う時間
・うれし泣き

ここにあげたのは、いつでも、人生にさらなる太陽の光を当てるような、自分へのご褒美や満足感を与えるものであり、苦労して手に入る喜びなどです。「病気で陽性の検査結果が出た場合」を扱っているこの章の内容にはふさわしくないように見えますが、そのうち実はぴったりだということがわかるでしょう。

私が前に述べたように、バーバラ・フレドリクソンやほかの研究者の研究の進歩により、「ポジティブな感情や喜びが湧き上がることによって、気分がよくなるだけでなく、よい結果が生まれること」もいまではわかっています。自分自身や、友人、家族、コミュニティ、さらには社会全般にまでよい影響を与えるのです。

言い換えると、ポジティブな感情は知的な才能、社会的な能力、精神力、さらには身体的なスキルにまで、長く続く明確な影響を与えます。しかも、ポジティブな感情という経験から、一般的に「上昇スパイラル」と呼ばれるものも生まれます。喜びから喜びが生まれ、そのおかげで免疫システムも強くなります。また、より友好的で親しみやすい人にもなります。目標を達成するために、いっそう生産的で創造的になり、さらに頑張れるでしょう。そして自分の人生をもっと意義のあるものだと見なせるようになります。また、葛藤やストレスや挫折に対処する能力もさらに強まるでしょう。いわば、ポジティブな感情から成功が生まれ、成功がさらなる成功を生むのです。

社会学者はこのような現象を**「マタイ効果」**と呼んでいます。マタイ（イエス・キリストの12使徒の1人）による福音書にある言葉、**「誰でも、もっている者はさらに与えられ、豊かになる」にちなんだものです。幸い、人はポジティブな感情をもてばもつほど、人生のあらゆる部分でさらに豊かになります。**仕事や人間関係、余暇、そして健康面までも。

私は大学で教えたり、研究したり、また一般の人にインタビューしたりする中で、驚くことがあります。それはほとんどの人が、「どんな経験で幸せになる（あるいは、好奇心をもつ、熱意をもつ、おだやかになる、愛情深くなる、のめり込む、誇りをもつ）のか」「どんな経験では幸せにならないのか」ということに、唖然とさせられるほど無自覚な点です。

そこで、私は人々に「毎日の経験の記録をつけるように」とまず教えます。1日の特定の時間を決めて（たとえば、1週間にわたって毎日午前9時、午後2時、午後7時というように）、そのときの自分の気持ちを追跡し、「その感情に伴うどんな出来事があったか」「どんな状況だったか」「どんな人と関わったか」「どんな行動をしたか」を記録してもらうのです。

たとえば、火曜の午前9時、あなたはどれくらい自信に満ちていましたか？　幸せでしたか？　緊張していましたか、それとも平静でしたか？　忙しかったでしょうか？　あなたはどこにいましたか？　家ですか、車の中、それともコーヒーショップ？　あなたは1人でしたか、それとも誰かと一緒でしたか？　もし、そうなら、相手はどんな人でしたか？　あなたは何をしていたのでしょうか？

これは「日々のどんな経験によって自分がポジティブな感情をもてるのか」を決めるうえで、シンプルですが効果的な方法です。たとえば、ゲーリーと一緒のときはいつも笑っていることや、世界のニュースを聞くときは熱心に集中していること、ペットの猫に愛情を注いでいること、公園で寿司を食べるときは楽しいことなどがひとたびわかったら、このような活動により多く参加してみてください。そして活動しているとき、さらなる喜びを味わいましょう。

「幸せになるためのカギは、どれくらい幸福感を〝強く〟味わうかということではなく、ポジティブな感情や幸せという気分をどれくらい〝多く〟感じるのか、ということにある」と研究からわかっています。たとえば、18歳〜94歳までの対象者を13年間にわたって追った研究からは、「ポジティブな感情（より強烈なポジティブな時間ではなく）をより頻繁にもつ人ほど長生きした」という結果が出ました。実は、とても些細に見える行動によって定期的に上昇した幸福感が、長い時間をかけて積み重なっていくのです。

科学的な根拠のある、3つの教えがあります。1つ目は、はじける喜びや平穏、楽しみは決してさまつなものではないということです。2つ目は、重要なのは、喜びなどの感情が頻繁に起こることであり、その強さではないことです。3つ目は、ほとんどの人がこうしたことをおそらく知らない点です。

どんな人や状況に、あるいはどんな場所や物事に、さらには1日のどの時間に幸せを感じたのかを理解し、そのような時間を定期的に増やすようにトレーニングしていけば、いわば快楽のツールを手に入れたのも同然です。そのツールは、医者から悪い知らせを告げられたときにも、さらにもっとひどい状況になるといった危機でも助けとなってくれるでしょう。

苦悩のさなかに幸せになってもよいものか？

「健康が危機的な状態にあるとき、喜びを求めること」について話すと、嫌がる人がいることはよくわかります。実際に、苦しんでいる最中に幸せになってもいい、ということに対して、自分の幸せでも、まわりの人の幸せでも、幸せになりたいと思うことさえ、不快だという考えがあります。親友がガンで死にかけている、まもなく自分が聴力や視力、動く能力を失うことがわかっている、世界が貧困や戦争に覆われていることが明白なとき、心から幸せになれないでしょう。子どもたちが傷ついているとき、多くの人々の生活が静かな絶望の中で営まれているとき、幸せになれないはずです。

このいくぶん自己中心的とも思われる質問に対する私の答えは、3つの部分に分かれます。

第1に、**世の中には不公平な苦しみがどれほど存在するのか、ということを認識し、自分が幸運であることに感謝する、という形で応えること。**

第2に、**友人すべてや全世界の問題が解決するまで自分が幸せになるのを先送りにしよう**

としても、誰のためにもならないこと。研究の大半が示しているように、人は幸せになればなるほど、より健康になり、その結果、さらに生産的で創造的になり、より接近志向になって、いっそう他人に援助の手を差し伸べるようになるのです。

それゆえ私の3つ目の意見は、**自分が幸福になるように取り組み続ける人は、自分自身を助けるのと同じように、まわりの人たちをもっと助ける、ということ**です。

「ネガティブな感情」にも恩恵がある

現在ではすでに「ポジティブな感情に多くの恩恵があること」がわかっています。では、ネガティブな感情のほうがよい場合もあるのでしょうか？　あるに違いありません。搾取する人や不当な扱いをする人と戦う気にさせる怒り、「何が悪いのか」と思い返してそれを修正したり、受け入れようと前進することを促す悲しみ。このような感情を必要とする時期や状況はあるのです。

実は私は次の章で、「大きな混乱の直後のポジティブな感情と癒しによる調整が始まる前に、しっかりとネガティブな感情を経験すべきだ」という理論を述べています。さらに、いくつかの研究からわかっているのは、「特殊な状況では、あまり強くはないネガティブな感情（悲しい気分など）がよりよい判断を助長し、ステレオタイプ化を減らしてくれること」です。そして、ネガティブな経験はポジティブな経験と人生で対照的に用いられ、私たちがポジティブな経験のよさをわかるようにしてくれます。

私の大切な友人は感染症にかかって危うく命を落としそうになり、何週間にもわたって体が麻痺して、食べることも自力で呼吸することもできませんでした。その後、彼は回復しましたが、晴れた日、ダイエット・コークを飲むこと、大きくなった子どもの１人と電話で話すことなど、それまではそこそこにポジティブな状態に過ぎなかったものが強烈にポジティブなものに感じられた、ということでした。

「悲しみ」にも価値があるのです。自分自身の（そして世界の）問題や病を認識することに役立ちます。また、人生とは、常に順風満帆で公平なものではない、という教訓を学ぶことも価値があるでしょう。

◉「悪い知らせ」に対処するための科学的な方法

重い病気のせいでさまざまなものがだめになったり、崩壊したりします。体だけでなく、自尊心、人間関係、信仰心、希望や楽観的な見方などが。では、すっかりバラバラになってしまったものをどうやって元に戻せばいいのでしょうか？

「そんなことはとてもできそうにない」と思えるときもあるかもしれません。愛する者が亡くなったとき、とても重要な何か（腕とか、腎臓、嗅覚）の機能をなくしたとき、壊れた破片を糊《のり》でくっつけて元通りにするといったわけにはいきません。期待できるのは、まだ残っているものからまったく新しいものをつくり出すことだけです。なんだか抽象的な話に聞こえるでしょうが、この考え方をはっきりさせるのに役立つ話を紹介します。

昔、あるところに、1人の画家が住んでいました。彼はとても絵が上手でしたが、本当は木工細工をつくって成功することを願っていました。

ある日、画家の妻が、「うちには新しいテーブルが必要ね」と言いました。そして「つくってくれない?」と夫に頼んだのです。画家はとても喜びました。妻を愛していましたし、幸せにしてあげたかったからです。それに、木を使って何かをつくりたくてたまりませんでした。彼は、朝も夜も懸命に何日も働いて、平凡な形でしたが、とても強くてしっかりしたテーブルをつくりました。このテーブルは一家の中心となりました。そこに家族が集まって話をしたり、お茶を飲んだり食事をしたり、愛する人たちに手紙を書いたり、子どもたちに文字を教えたりしました。

ある日、一家が留守にしていたときに泥棒が家に押し入り、なぜかテーブルの脚を1本、盗んでいきました。画家と妻はがっかりしましたが、そのテーブルが大好きだったので、いまはもう脚が3本しかないけれど、なんとか使おうと決めたのです。とはいえ、テーブルは不安定になってしまったので、バランスをとるため、脚がなくなったのとは反対側にとても厚くて重い本を載せました。でも、それもうまくいきません。反対側のテーブルの脚は本の重さで曲がり始めました。

画家は悲しくてたまりませんでした。テーブルを仕事部屋にもっていって、何日も夜を徹して懸命に作業をしました。そして、彼は新しいテーブルを抱えて仕事部屋から現われました。それは前のテーブルよりもやや小さめでしたが、きれいでしたし、前のものと同じように丈夫で使いやすいものでした。この新しいテーブルにも脚が3本しかありませんでした。

もし、あなたが健康面の危機を経験した後だとしたら、この新しい3本脚のテーブルのように新しくなっているでしょう。かかった病気がガンであれ、糖尿病、肺病、不妊症であれ、人生が変わってしまう前は丈夫で強かったかもしれません。しかし、何かはわからない理由で、体の一部が取り去られてしまったら、最初のうちは、仕事と家族と心の健康状態のバランスをとろうと必死になりますが、不安定な状態のままでしょう。すべてが台なしにならないように、失ったものを埋め合わせようと超人的な努力をするかもしれません。でも、自分自身も人生も再び元通りにすることはできないのです。新しい自分をつくり、それが以前の自分と同じくらい丈夫で健康ならいいと思ったところで、やはり前とは異なるでしょう。

このことに関して、証拠にもとづいた理論を2つ紹介します。それを読めば、悪い知らせに対処するのに必要な方法をいくつか準備できるようになるでしょう。それは新しい自分が、あの3本脚のテーブルのように強くなれるものです。

2つの反応で、危機を最小限におさえる

「コーピング」とは、自分自身の身に起きるネガティブな出来事に対応したり、対処したり、取り組んだりするときに、誰もがとる行動のことです。研究者たちは何十年にもわたって「コーピング」の研究に取り組んできました。いまではどんなタイプのコーピングの方法が効果的で、どんなものに効果がないのか、誰にとって効果があるか、どういう状況がいいのかといったことについてかなりわかっています。

最も有力な方法の1つである、カリフォルニア大学ロサンゼルス校のシェリー・テイラー教授による研究を紹介しましょう。テイラーによれば、重い病気のように人生で脅威となるような出来事は、連続した2つの反応を引き起こす傾向があるそうです。短期の反応がまず起こり、続いて長期の反応が起こる、といいます。

⑴最初の反応

私たちの最初の反応はごく短時間しか続きません。初期の診断、新たな不快な症状が起こること、体力の衰えの自覚などネガティブな出来事にさまざまな対処をします。たとえば、

診察室で体にたちまち反応が現われ、鼓動や呼吸が速くなるかもしれません（身体的反応）。「どうやったらこの状況を避けられるだろうか」と、考え始め（認知的反応）、落ち込んだり（感情的反応）、すがって泣ける肩を求めたり（社会的反応）します。

(2)長期の反応

恐ろしい知らせによる最初の脅威がおさまったら、何時間か、何日か、あるいは何か月も後に、健康問題をふくめたネガティブな出来事やトラウマに満ちた経験に対するもっと長期にわたる反応がやってきます。私たちの心と体は、このような初期の反応を逆のものにしたり、最小限にしようと活動します。たとえば、最初に経験した興奮をやわらげたり（心臓のドキドキがおさまったり、呼吸が普通になったりなど）、ポジティブな説明をつけよう（自分の行動を正当化したり、楽しいことを思い出してネガティブな出来事を相殺したりする）というほうへ思考が向かったり、悲しいとか心配だといったネガティブな感情を安堵感やくつろいだ気持ちに変えたりするのです。また、以前に受けた助けに対して、感謝する行動をとることもあるかもしれません。

この研究でテイラーは、「『悪いことが起こりそうだ』という知らせを受け取ったとき、人は短期と長期の2つの異なった反応をする傾向があることを、自ら認識すべきだ」と述べています。この理論は、悪い状況に対する最初の反応が最終的なものでも最上のものでもない、という考え方を裏づけています。「時はすべての傷を癒す」という考え方は、これと同様です。

「悪い知らせ」に対する反応のモデル

心理学者のケイト・スウィーニーが明らかにした、「コーピング」のもう1つの理論を紹介しましょう。これは次のような質問をします。医師から悪い知らせを聞いたときどうするべきか、スウィーニーの研究からは、次の3つの反応が考えられるとされました。

①慎重に待つ（用心深く待っているが、ほかのものに関心を向け直す）
②行動の変化（行動を起こす。たとえば、自分の状況についていろいろと調べてみる、新しくて積極的な治療法を申し込む）
③受け入れる（人生で最もよい変化を起こし、まわりの人たちに助けを求める）

こうした一般的な3つの反応はわりとわかりやすいと思います。しかし、与えられた環境の中でどれを選ぶのが最もいいかということは、イメージしにくいかもしれません。幸い、次にフローチャートとして示した、シンプルな手順が役に立つはずです。まず、自分に次の3つの質問をして、チャートの矢印に従って進んでください。

・診断結果は深刻なものですか？（「YES」または「NO」）
・悪い結果になりそうですか？（「YES」または「NO」）
・その結果はコントロールができそうなものですか？（「YES」または「NO」）

もしも答えが「YES」とも「NO」ともつかないなら、真実に近いほうを選んでください。たとえば、研究結果からわかっているのは、「ある状況では『慎重に待つ』という反応が適切であること」です。それは、悪い知らせが深刻なものではなく、ネガティブな影響があまりなさそうで、状況は自分でコントロールできるかもしれないし、できないかもしれないという場合です。

もし、骨の1つに腫瘍が見つかったとします。それは何でもないものかもしれません。そうならば、ただ待って、半年ごとに骨のスキャンをしてもらうでしょう。同じような状況のほかの人にも、同様のアドバイスができます。

しかし、もっと深刻な状況のとき、たとえば、「動脈に血栓があるかもしれない」と告げられたとします。これは発作が起きるかどうかわからず、どっちみち自分が打てる手はないため、「待って観察する」という方法をとることになります。これはつらいものです。また、受けた悪い知らせが深刻なものではなくても、疑いがあり（検査結果で、腎臓結石が疑われ

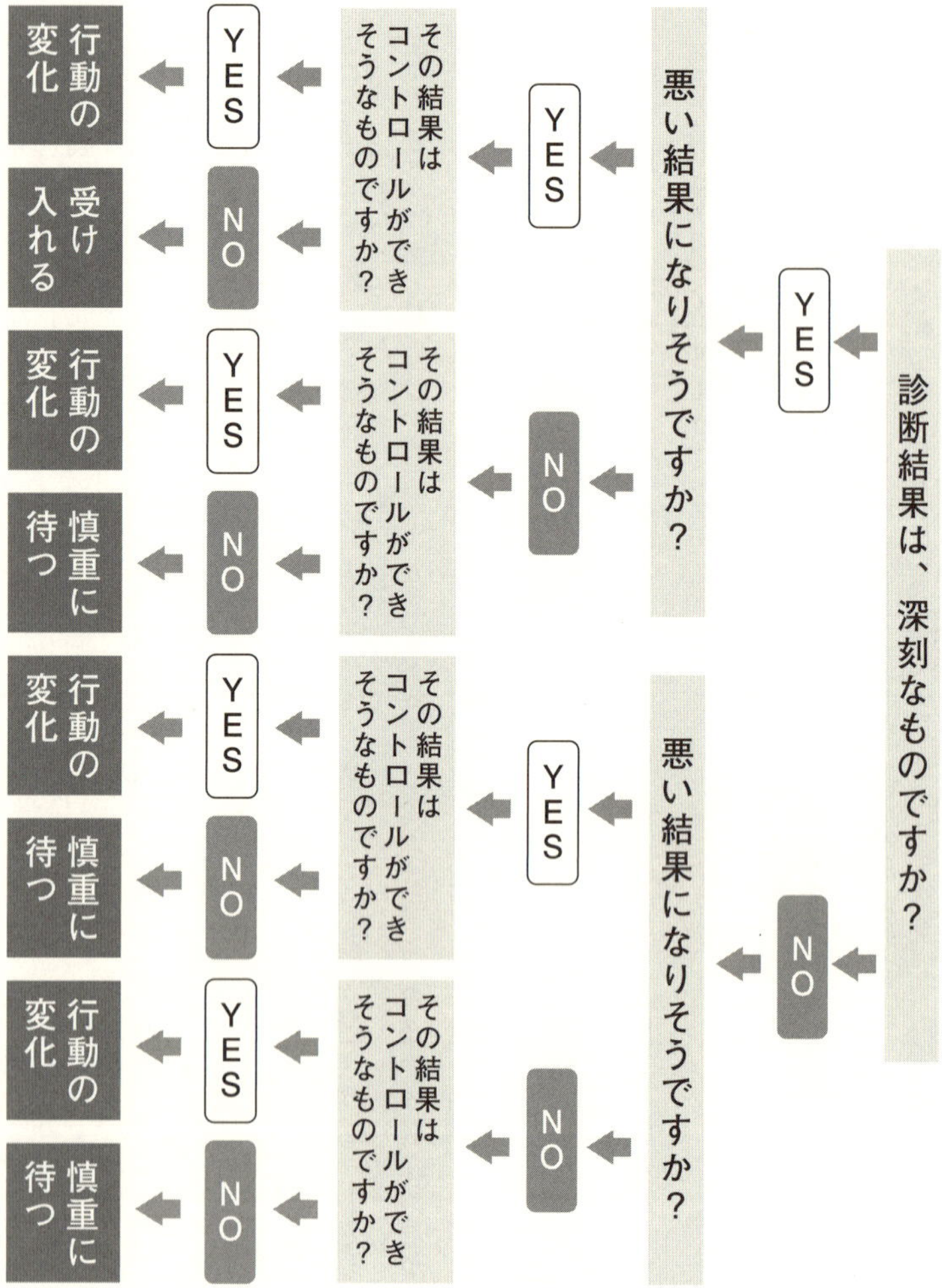
診断結果は、深刻なものですか？
YES
NO
悪い結果になりそうですか？
YES
NO
悪い結果になりそうですか？
YES
NO
その結果はコントロールができそうなものですか？
YES
NO
行動の変化
受け入れる
その結果はコントロールができそうなものですか？
YES
NO
行動の変化
慎重に待つ
その結果はコントロールができそうなものですか？
YES
NO
行動の変化
慎重に待つ
その結果はコントロールができそうなものですか？
YES
NO
行動の変化
慎重に待つ

たなど）、それを避けるために自分が何もできない場合、ここでも最も望ましい反応は、「観察して待つこと」になるでしょう。

状況がある程度コントロールでき、深刻だったり、ネガティブな結果が生じる可能性が高かったり、あるいはその両方だったりしたら、「行動を変えること」が最もよい選択肢です。たとえば、乳ガンにかかっていて、いくつか効き目のある治療法が可能な場合がそうです。

でも、深刻でネガティブで、結果をコントロールできないような場合は、「受け入れること」を選んでください。最善策は、問題に取り組もうと何かをすること（「問題焦点型のコーピング方法」と呼ばれています）よりも、問題に対する感情的な反応をどうにかすること（「情動焦点型のコーピング方法」と呼ばれています）です。

研究結果から、ここまで述べたように、「じっくりと考えて自分に合った反応を選ぶと、最も望ましい結果が生じること」が明らかになっています。当然、結果には何らかの変化が起こるでしょうが、長期にわたる場合の苦痛が最小になることは間違いありません。さらに、現在における幸福感が増し、未来への希望が増えるといった自分の進歩には満足できるでしょう。そして、チャートの指示に従えば、将来の健康に最善の見通しをもつことができ、健康以外の人生の大切な分野（家族との関係や、仕事における生産性）で最高の見通しをもつことができるはずです。

「悪い知らせ」に対する反応のモデルは、一見すると、単純に思われるかもしれませんが、とても強力なものです。このモデルはさまざまな健康上の問題に直面したときのほとんどのケースに当てはまるようにつくられています。フローチャートに書かれた言葉は、私たちの大半に通じて当てはまります。

◉人生の重荷を軽くしてくれるのは、友人たち

悲劇に対してあらかじめ備えている、災難に対して準備している、あるいは健康を損なった場合の心構えをすることを本気でやっている人はあまりいないでしょう。しかし、不運な日を避けられない場合に備えて、二重窓を取りつけたり、車のトランクにスペアタイヤを積んでおいたりというように、道具を集めて磨いておくことはできます。その欠くことのできない道具の1つは、**「社会的支援」**です。〈誤った神話5〉の章で述べたように、**友人、仲間、恋人、家族、さらにはペットと問題を分かち合ったり、彼らから助けてもらったりする効果は魔法のように強力です。**

人間関係の重要性についての数十年にわたる研究結果にもとづき、ベストセラーとなった心理学関係の本を執筆したデイビッド・マイヤーズは次のような結論に達しました。

「あなたを心から案じてくれる人との親しい友情ほど、不幸を改善してくれるものはない。人を信じることは、心にも体にもいいものだ」

確かに、私がこれまで触れてきたように、「社会的支援」があると、人の体はストレスに対してあまり反応しません。たとえば、連れがいれば（人間でも、犬でも）最新の診断結果を聞くために病院で待っているときのように、とてもつらかったり、ストレスが多かったりする場面で動悸が鎮まり、血圧が下がるでしょう。そして誰かがそばにいてくれれば（愛する人の写真を眺めるだけでもかまいません）、痛みをそれほど感じなくなるはずです。

「社会的支援」の健全な効果は、私たちが重病だと診断されたときにとりわけ重要です。たとえば、自分が頼りにしている、とても親密な人が、高血圧や肥満のようにリスク要因として確立されたもので慢性的な病が悪化し、死の危険性があると判断された場合です。「よい『社会的支援』があった女性は、なかった女性よりも2・8年長生きし、男性の場合は2・3年、寿命の違いがあること」がわかっています。「『社会的支援』のおかげで、認知症に先立つ認知機能の低下がおさえられたり、風邪をひきにくくなったり、心臓病やガンと診断された後の状態を向上させられたりする」という事実もあります。

◉残りの人生を歩んでいくための指針となるもの

「重い病気」と診断された場合は、少しずつ死へ近づいていくことを避けられません。自分がいつかは死ぬことをいっそう強く認識し、自衛本能が働くと、耐え難いほどの不安に襲われます。研究者たちは、**「この不安を、自ら人生の意味を追求することによって、どうにかおさえられる」**と主張しています。

死を恐れるのと同じくらいに、人は無意味な存在として死ぬことを恐れ、愛されないまま死んでいくことを恐れます。その結果、自分の人生をより大きな視野で見るために何かをしなければ、人生が終わった後でもこの世に長く語り継がれるような何かのしるしを残さねば、といった衝動にかられます。

現在、あなたは人生にどれくらいの意味や目的をもっているでしょうか？　次にあげるのは、言い方は異なりますが、互いに関連性のある2種類の基準をもとにした言葉です。これらは「自分の存在意義や帰属意識についての評価基準（1～5まで）」と、「意義を見失っているかどうかという評価基準、つまり自分の人生は空虚で無意味だと判断している（6～10まで）もの」を表わしています。それぞれの言葉を、あなたがその通りだと思うか、思わないか、あるいははっきりしない（その通りでもあるような、ないような）か、チェックしてみてください。

①　私がやっていることには意味があると思う　（　）

②　私の人生にはやるべき課題がある　（　）

③　自分がより大きなものの一部であると感じる　（　）

④ 私は充実した人生を送っている（　）
⑤ 私の人生にはもっと深い意味があると思う（　）
⑥ 自分の人生の意味を考えるとき、空虚感しかない（　）
⑦ 私の人生は無意味なものだと思われる（　）
⑧ 人生には何の意義も見出せない（　）
⑨ 人生に何の重要な点もない、という事実に苦しんでいる（　）
⑩ 私の人生は空虚なものに思われる（　）

いい知らせをお伝えしましょう。それは「大人になると、自分の存在意義への評価がだんだん高まっていく」ということです。**存在意義が最も低く感じられるのは10代の頃で、そこから35歳になるまで徐々に評価が高くなっていきます。35歳～45歳までは安定しており、その後、45歳以降は再び高くなっていくようです。**しかし、恐るべき挫折によって、「自分はこの世の中でいったい何をしているのか？」と疑問に思う場合もあります。

もしもあなたが、前にあげた前半の5つの言葉にまったく共感できず、後半の5つの言葉のどれかにその通りと思ったなら、自分が優先していることの1つから人生の意味を追求してみることをお勧めします。

人生の意義や目的を見つける方法は数多くあります。ここで紹介するその1つは、**「人生**

が何によって判断されるのか」という基準をつくることです。そして今日から、人生が成功したと思えるようにそうした基準に沿って毎日を生きると決めてください。

たとえば、12歳のジェスの例です。ジェスは最初、物が二重に見える「複視」という病気だと診断されましたが、その後、それが脳腫瘍の最初の症状であることがわかりました。そして2か月の間、ジェスは化学療法を受け、30回に及ぶ放射線治療と数えきれないほどの医師の診断を受けました。入院したばかりの頃、ジェスは何時間も泣いていたものでした。

でも、しばらくすると、ほかの患者と向き合うようになったのです。ジェスは家に帰れずに入院して治療を受けている幼い子どもや十代の子どもと、とりわけ親しくなれることに気づきました。こうして、自分の病気のことばかりくよくよ考えるのではなく、ジェスはまわりの人のことを思いやるようになっていったのです。

家族や通っていた教会の助けを借りて、ジェスは非営利団体を立ち上げました。これはこの団体を通じて寄付した人々から、ガンの子どもたちにTシャツやキャンディ、おもちゃ、ほかにも子どもの年齢に合ったものをいっぱいに詰めた「喜びのビン」というものが送られる仕組みです。この活動が最終的にどうなるかはわかりませんが、生きている限りジェスは若い患者を元気づけて、病気との闘いを決してあきらめないように励ますことに意義を見出していくでしょう。

ジェスと同様に、「病に苦しむ人を助けたい」という欲求に根差した人生の目的を追求している人も多いでしょうが、もちろん目的は違っていてもいいのです。**多くの人は自分の存在意義を、自分の外にある「何か」とつながることによって見出しています。**この「何か」とは、自分より長生きするはずのわが子に価値あるものを分け与えるとか、あまり運に恵まれない人の生活を向上させるなど、「ほかの人々」のためかもしれません。学校や環境保護団体のためにボランティアをする団体などの「組織」や、自動車の安全性の重要性についてブログを書くなどの「価値観」かもしれません。祈ったり、他人を改宗させたりする「神の存在」かもしれません。

人は、本質的に研究者が「象徴的不死性」とか「ポジティブな個人遺産」と呼ぶものを得ようと努力しています。たとえば、自分よりも長生きする子どもをつくったり、自分がいなくなった後でも残る芸術作品を生み出したりして。または死後の世界を信じたり、未来の世代の幸福のために地域の活動を通じて投資したり、もっと単純に、誰かの今後の生活をより向上させるために助言を与えたり、教えたりするなどの努力をしているのです。

ですから、病気の経過の予想や迫りくる死を、どれほど恐れていても、自分自身よりも大きな何かの一部であると感じること（それが教会であれ、家族であれ、国家でも）によって、人生の残りを歩んでいくための指針が得られます。そして、より心が落ち着いてより安心感を覚えるようになるのです。

チャンスに備えるために

「あなたの診断結果は陽性でした」というのは、私たちが最も恐れている言葉です。そんなときに向き合う人生の岐路には、「絶望に浸りきってしまう道」と、それとは逆に「前に進んでいく道」があります。また、「いまを生きる姿勢」と、それとは逆に「将来についてくよくよ悩む姿勢」もあるでしょう。「いまこの状況が幸せの終わりなのだ」というような考えをやめると、行動を起こす心構えができます。それは状況を受け入れ、それに順応し、毎日を最高のものにしようとする心構えです。

もし、現在の時間を楽しむのが、いまは困難だと思えたり、考えることすらできない場合は、あせらなくても大丈夫です。人が即座に示す反応（多くは、考えることや、感じることがつらいというもの）は短期的なものなのです。時間が経つにつれて、長期に渡る健全な反応ができるようになるのです。

ですから、くよくよ考えるのではなく、私が提案した毎週の目標の中から自分自身で「正しい」と感じられるものを1つ以上実行してみてください。たとえば、昔の友だちを訪ねて話を聞いてあげるなど「社会的支援」のネットワークをつくったり、強めたりしてもいいでしょう。または、瞑想を学んだり、もっと寛容になったりすることによって、注意力を磨くのもいいでしょう。毎日時間を決めて戸外での活動を楽しむのもいいでしょう（とても寒い日には、窓の外の雲を見て考え込まなければならないとしても）。「なぜ、自分がいまのような気分になっているのか？」を調べるのもいいでしょう。

大事なことを言い忘れていました。それは「毎週最低でも一歩は進もう、と考えること」です。人生での目的を達成するために、後に残る「何か」を手に入れるために。

誤った神話

09

「夢がかなわない」とわかったら、幸せになれない

人は誰もが夢をもっています。そのような夢の中には、ほかの人と分かち合うものもあります。また、若い頃や子どもの頃に抱いていた、あの世にまでもっていくことになる夢もあるかもしれません。

私の元クラスメートのジェイソンはかなり早くに成功した人ですが、射撃でオリンピックに出場するという夢をあきらめました。また、私の昔からの友だちのジェニファーは10年にわたって演劇のレッスンやボイストレーニングのレッスンを受け、オーディションを何度も受けて何度も断られた末、ブロードウェイのスターになるという夢を断念しました。

ジェニファーもジェイソンも大切な夢をかなえようと人生の何年もの歳月を費やしたのに、失敗してしまったのです。過去を振り返って、自分は後悔しているのだと認めたとき、2つの反応があります。ジェニファーは演劇活動を思い出すものをすべて投げ捨て、苦々しい思いで後悔しました。それに対して、ジェイソンは若い頃の自分のさまざまな努力や業績に満

足し、それを誇りにしています。

どうして人はこれほど違った反応を示すのでしょうか？　原因の大きな部分に、「夢がかなわなくても幸せかどうか」という前提がありそうです。もし、どうにかしてこれまでの視点を変えることができれば、人生で後悔していることに対して、最も望ましく、満足度が高まる方法で取り組めるようになるでしょう。

たとえその願望をはるか昔にあきらめたとしても、成功すると思わなかった、夢をかなえるだけの才能も努力も足りなかったと考えたとしても、長く抱いてきた夢へのドアが閉ざされたとき、人は心から悔やむことでしょう。この章では、強い失望感や悔恨や後悔の念を味わったとき、「幸せになって成長するための方法」についてお話しします。

◉「かなわない夢を追い求めること」が人生に与える影響

ミズーリ大学コロンビア校のローラ・キング教授は**「ロスト・ポシブル・セルフ（可能性を失った自己）」**と、それに対する人間の反応を研究しています。彼女の研究では、実験の参加者を3つのグループに分け、焦点を当てました。参加者はそれぞれ特有の「ロスト・ポシブル・セルフ」をもっていました。

1つ目のグループは、ダウン症の子どもをもつ親たちです。彼らの子どもたちは自立できず、キャリアも、自分の家族ももてない運命にあるかもしれません。

2つ目は、ゲイの男性やレズビアンのグループです。彼らは両親から望まれていた、従来の社会が認めるような家庭生活を送れないかもしれません。そして、ゲイでない仲間ほどは、社会に全面的に受け入れられないはずです。

3つ目のグループは、長年続いた結婚生活を終わらせた、離婚した女性たちです。彼女たちは長い間、愛を育ててきたパートナーとともに老いていくことができないと思っています。「失ってしまった（ロスト）自分自身」という、それぞれ特有の重荷を背負っている人々の状況は、おのおの独特なものがあるに違いありませんが、彼らの人生の物語が展開される方法、そして失った目標についての考え方は、私たちに大きな影響を与えてくれます。

まず、「挫折や失望、過失、後悔などは、人生で避けられないものだ」という前提から取り上げます。実際、およそ9割の人々は「強い後悔を抱いたことがある」と認めています。「できたはずなのに、やらなかったこと」や「やってしまったけれど、やるべきでなかったこと」、あるいは「自分ではどうにもできずに起こってしまった恐ろしいこと」を顧みると、そのときは嫌な気持ちになるかもしれません。しかし、キング教授は「後悔を心から受け入れ、それに立ち向かう能力（過ぎ去った可能性をじっくり考えること）は、成熟した人間にしかないものだ」と主張しています。

この研究のとても興味深く、かつ意外な点は、**「後悔について考える」という、このプロ**

セスそのものによって、人間の成熟が早まることです。ですから、可能だったかもしれない自分を失い、見通しや目標をなくしたことは、最終的により深みのある、もっと幸福な人間になるために進歩し、成熟する機会だと考えられるのです。

では、そうするためには、どうすればいいのでしょうか？　何より、大切にしていた目標をあきらめるのはなかなか難しいことです。「たぶん才能が足りなかっただけだろう」とか、「自分の力が不十分だったのだろう」といった、さまざまな検討をしなければなりません。つまり、「高く設定され過ぎた目標に向かって努力したのは間違いだった」という可能性を、自分で受け入れることです。たとえば、バンドでメジャーデビューして演奏することや、山小屋で暮らすこと、子どもを3人もつことが目標だったとしても。もちろん、それは「目標をかなえる」というご褒美を自分は決してもらえないと認めることを意味します。

けれども、心理学者の主張によれば、「後悔という重荷を下ろしてしまうと、『ロスト・ポシブル・セルフ』から自由になった」と感じられるそうです。キングはこのプロセスを、「人生の地図を調べることと似ている」と表現しています。スケジュールや地域、目標、状況が載った地図に従って、私たちが毎年動き回っているところを想像してみましょう。とりわけ、ある目標が無理な場合、私たちはその想像上の地図を参照すべきです。そして「現在位置」を見つけ、「どうやってここまで来たか？」「どこへ向かおうとしているか？」と自問してください。

もし、あなたがいつも空想していたことがヤンキースかメッツで野球をやることだったり、中国へ旅することだったり、姪や甥ができることだったりしたら、そうした夢を修正するには心理学的な作業が必要でしょう。その作業によって新たなことがわかったり、自分をさまざまな面からとらえることのできる「自己複雑性」が生まれたりします。

人々にとって苦痛に違いない、こんな質問を研究の中でキングはしています。

「あなたの人生はどれほどすばらしいものになったと思いますか？　もしも……離婚しなかったなら、わが子がダウン症でなかったなら、あなたがゲイでなかったなら、など」

すると、人々は意外なほど自分をさらけ出した反応を示したのです。「かつて、将来にどんなこと（いまとなれば、もはや実現しない将来の夢）を期待したか？」について、何百人もの話を対象にして分析したところ、誰もが最適な状態に達する方法がいくつもわかりました。つまり、それは**人生で手に入らなかったのも当然だと折り合いをつけて、現実に沿った幸福を獲得する人間になる方法**です。キングの言葉を用いると、「幸福で深みのある大人」である人々は、つつましやかで勇敢で、人生における存在意義をちゃんともっています。

もしも、自分にはそのような状態になるのが難しいと思ったら、なんとかして成し遂げている人は多いのだ、と言い聞かせてください。彼らは人生がいつも自分の望み通りに運ぶわけではないことを認めており、人生がとても困難で、混乱させられる場合があるとわかっています。何より、成長や進歩のためには、トラウマになったり悲惨だったりする出来事すら、計り知れないほど貴重だと心得ているのです。

このように、「失った可能性」をじっくりと考えることによって、新しい視点が得られ、その結果、自分自身や人生をさらによく理解できるようになります。その重要な点は、最も優先すべきことが新たに生まれて、新しい未来を思い描けることです。言い換えると、**「後悔しているものは何か？」を考えることで、新たな目標が生まれ、それに向かって努力するようになる**のです。

でも、あきらめた目標をいつまでもくよくよと考えていたら、幸せになどなれるでしょうか？　そんなふうに心の奥まで掘り起こしていたら、いっそうみじめになり、いっそう後悔するのでは？　ひと言でいえば、答えは「ＹＥＳ」です。自分の大切な部分を失ったことを認めなければならないのと同時に、そのことにとらわれてもいけません。「後悔しているものは何か」などをはじめ、過去に向き合ってきたさまざまな困難などを認識するのです。重要なステップは、**新たな目標に全力を傾けて、前に進んでいくこと**です。その目標の一部は過去に挑戦したものから生まれているかもしれません。目の前に広がっている、ワクワクするいろいろな可能性に関心を向けるのです。

私のクラスメートのジェイソンも、そうした1人です。彼はオリンピックに出られなかったという後悔に真正面から向き合うことによって、その事実を認めて受け入れ、ゴルフという、まったく違う方向へ進むことで問題を解決しました。プロを目指すのではなく、週末にゴルフを楽しむことにしたのです。人生の選択を、「プロとしてスポーツをやるのか、二度とスポーツをやらないのか」などと黒か白かで解釈するのではなく、ジェイソンは彼の情熱や強さが高く評価される新しい目標へ進みました。そして、もっと多面的で満足できる未来への扉が開かれたのでした。

対照的にジェニファーの場合は、「自分が後悔している」とは決して認めようとせず、演劇のキャリアをあきらめたことを忘れられませんでした。過去を思い出させるものを、文字通りでも比喩的な意味でも、すっかり捨て去ったのです。「後悔していることをじっくりと考えるなんてつら過ぎる」とジェニファーは思いました。しかし、これは科学的に証明されていることで、自分に「どんな可能性があっただろうか」と、とことん考えることは、人が払わねばならない代償（現在、夢がかなわなかったことによる不幸と後悔）なのです。

キングの主張によれば、「後悔していることを認めると、人は自分が無力であるように感じる」そうです。この行動には「勇気」が必要とされます。最終的に、私たちは「人生に何かを期待することにはリスクが伴う」と認めながらも、新しい目標に向かって全力を傾け続けるでしょう。これはパートナーであれ、わが子であれ、誰かをあまりにも愛し、傷つけられるという人間関係を何度も経験し、不安定になっている人にも見受けられます。しかし、そんな人たちでも「勇気」ももっているのです。ダウン症の子どもをもった母親が出産する前の経験と、赤ん坊が生まれて数か月後、数年後の経験について語ってくれました。

私は、自分を発見する岐路に立っていました……「もっと何か目標がないか？」と探していたのです。母であり、妻であり、看護師であるだけでは物足りませんでした。私は自分の運命を十分に切り開きたかったのです。自己実現を追求し続けたいと思いました。

そこへ、息子がやってきたのです。価値観、信念、友情、結婚の誓いなどあらゆるものが試されました。子どもが成長するにつれて困難も伴っていき、困惑することはいくらでもありました。

でも、いまの私は、以前と違う地点にいます……私は立ち直り、これ以上ないほど幸せです。前よりも強くなりました。前よりもいろんなことを経験し、いっそう思いやりをもてるようになり、謙虚にもなったんです。

この人はつらい経験を「新しいポシブル・セルフ」に変えることに成功し、より幸福で、成熟した人間となりました。

キングは研究から、**「人は、後悔しているという事実を受け入れれば、ユーモアの感覚が強まり、苦しんでいる人への思いやりが増し、心から感謝するようになる」**ということを発見しました。ですから、「仕事や人間関係、体の状態、マイホームなど、いつも望んでいたけれど、いまでは決して手に入らないとわかっているものを手にしていたら、人生はどれほどすばらしかっただろうか」と、じっくり考えてみてください。それを紙に書き出したり、親しい人に話したりしましょう。とてもつらいでしょうが、やがて後悔しているものを心から認め、それを自分のアイデンティティとして受け入れ、修正された新しい目標へ進めるはずです。

◉「有益な反省」と「有害な反省」

心理科学者の多くは、これまであげたような、「最も後悔したり失望したりするものを掘り起こしなさい」というアドバイスに対して、問題がある、と指摘するかもしれません。いずれにしても、多くの研究（そのいくつかは私自身の研究室から生まれたものですが）からわかっているのは、**「ネガティブな考えや感情にいつまでもこだわっていると、不愉快な結果を引き起こしかねない」**ということです。くよくよ考えたり、自分のことばかりに注意を向けたり、心配ばかりしている人は、苦しみを長引かせ、悲観的で、物事が手に負えないと感じ、自分自身を非難の目で見て、モチベーションに欠け、物事に集中できず、問題を解決できなくなる傾向があります。**もし、もっと不幸になったり、もっと問題を大きくしたりす**

るのに最適な方法があるとしたら、「くよくよと考える習慣（あるいは、考え過ぎる習慣）」が一番にあげられるでしょう。

けれども、このように「ネガティブな出来事を反省することは有害だ」という証拠がたくさんあがっているのに、「ロスト・ポシブル・セルフ」について考えるのがよいことなのはなぜでしょうか？　この明らかな矛盾への解決策はきわめて簡単です。「反省にも『有益なもの』と『有害なもの』とさまざまな種類があること」がわかっています。意図的で、分析的で、理性的で、知的なある種の反省には思慮に富んだ、物事を見抜く力があります。堂々めぐりをしている、押しつけがましい、神経症的な、そしてコントロールがきかないほかの反省は順応性がなく、破壊的なものであるのが普通です。

こうした2つの反省のタイプを研究した結果、**「失った機会、あきらめた目標、深い後悔について思いめぐらすときには、体系的に、一歩ずつ、分析して取り組むべきだ」**とされています。可能なら、「書き記すこと」をツールとして用いるといいでしょう。たとえば、「親愛なる日記さん」といった感じで日記をつけ、経験したことについて事実を書き、それに関する自分の考えや感情を書くのです。または、起きたことや、起こったかもしれないことについて、「よい点」と「悪い点」をリストにして書き出すのもいいでしょう。

とにかく、くよくよと悩む状態に陥らないことです。次の2つの主な兆候が現われれば、くよくよしていることがわかります。1つ目は、何の解決策も生まれないし、何の洞察や理解もなく、同じことを何度も何度も考えていることに気づいた状態です。言い換えると、自分が同じところをぐるぐる回っているような感覚に襲われる場合です。2つ目は、この方法をとっても、すべてをコントロールできてはいないように感じる状態です。自分が望まなくても、いろいろな考えやイメージがひとりでに頭の中に浮かんでくるようになった場合です。こういった兆候を経験したら、楽しいことに考えを集中するとか、テレビゲームをしたり、おもしろいテレビ番組を観たり、誰かの手伝いをしたり、打ち込める活動に没頭して気持ちをよそにそらしてください。

くよくよと考えないようにする方法には、ほかにも「考え過ぎている物事を後で考えようとすること（そして実際には考えない）」や、分別のある友人との会話、祈り、瞑想などがあります。このような取り組みを試してから、「ロスト・ポシブル・セルフ」を再びじっくりと考えてみてください。理想としては、気分が落ち着いているかポジティブなとき、くよくよしているときとはまったく別の状況のときがいいでしょう。

ある研究では、11年間にわたって36歳～47歳の数人の女性を追跡した結果、「不安や欠点についてくよくよと悩む傾向にある人は、後悔をポジティブな人生に変えにくいこと」がわかりました。

◉「反事実的条件文」で考えると、過去はよいほうへと変わる

「後悔」という概念は、西欧の文化では間違いなくネガティブな意味合いをふくんでいます。けれども、研究からわかっているのは、後悔とはいいものでも悪いものでもなく、どのような考え方をするか、ということなのです。同じような結論が、それと関連した「反事実的条件文」と呼ばれるものから引き出せます。後悔が、どこまでいっても閉鎖的な選択肢（「私は決して○○をしないだろう」など）であるのに対して、「反事実的条件文」は「もし、○○だったら」とか「○○だったかもしれない」といった言い方や、人生での未開拓の可能性（「私が○○をしたら、いまの私はどうなっていただろうか？」など）を言い表わす科学的な専門用語です。

「後悔について、神経質に考え過ぎたり、受動的にくよくよしたりするのではなく、人生での『反事実的条件文』を整然と考えるほうがいい」と研究者たちは勧めています。たとえば、「もしも」もっと真剣に教育を受けていたら、ヨーロッパ行きのあの飛行機に乗っていたら、あの運命の夜に「ＹＥＳ」と言わなかったら、人生がどう変わったのか、と考えるのです。「反事実的条件文」はポジティブな方向にもネガティブな方向にもいけるものだ、と覚えておいてください。つまり、私たちは心の中で過去にあったものを、「夫と出会わなければ、私はどうなっていただろうか？」などとよいほうに戻すことができますし、「あの出来事に

『NO』と言っていたら、私はどうなっていただろうか？」などと悪いほうに戻すこともできるのです。

「もし、○○だったら」と考えると、みじめになると思う人がいるかもしれませんが、最近の研究からわかったことがあります。**「『もし、○○だったら』と考えることによって、人生により大きな意味が与えられる、つまり、人とつながっているとか、目的があるとか、成長しているともっと感じられる」**というのです。

どうしてそうなるのでしょうか？　愛する者の死を経験しなかったら、あるいはあの仕事の面接を受けなかったら、自分の人生はどうなっていたか、と考えることは、人生でのカギとなる変化を理解したり、そうした出来事が人生にどんな意味をもつのかということを大きな視野で見たりするために役立つのです。「自分の人生がどう変わっただろうか？」と考えることは、人生の自由裁量性を理解するための公式のようなものと、よくとらえられます。

たとえば、私と夫との出会いは偶然で、ロサンゼルス現代美術館でのアブソルート・ウォッカの飲み放題の慈善パーティがきっかけでした。私たちはよくそう言い合っているのですが、あの晩に出会わなければ、ほかに会う機会はなかったでしょう。というのも、仕事上でも社交面でも2人の接点はまったくなかったからです。ときどき私は想像することがあります。夫か私のどちらかが、あの晩にもう何歩か右や左にそれていたら、現在の私の人生に、夫も子どもたちも、この家庭も存在しなかっただろう、と。
でも、人生が偶然や気まぐれによるものと結論づけるのではなく、「今日の自分がどれくらい悪い状況になっていたか」を考えるという、この「反事実的条件文」の実践からすれば、私たちの重要な出会いはそうなるべく運命づけられていたように思われます。

その一方で、「不運なことが起こらなかったら、人生はどれほど変わっていたか？」と考えることも重要です。それは人生の道が曲がりくねっていることを受け入れるのに役立つからです。そして、人生をそのように運命づけられたものと見なすうえでも、そこから生まれたよいことをすべて認識するうえでも助けとなるからです。たとえば、もしもあなたが若い未亡人となって打ちのめされたとしても、いまでは2番目の夫とかわいい3人の義理の子どもたちに恵まれているかもしれません。

「もし〇〇だったら」とか「△△だったかもしれない」と考えることは人生につきものです。人はそのような「反事実的条件文」をいつでも用いています。研究によれば、それは人が健全に機能するには欠かせないものなのです。

いますぐ始めてみてください。過去を振り返り、自分が下したひどい決断を最低でも1つ、経験した勝利や成功を最低1つ、向こう見ずな行動を最低1つ、そして経験した幸運や不運を最低1つ書き出してみましょう。そして、その次に心の中でそれらを取り消してみてください。ひどい決断を胸の内で取り消したり、じっくり調べたりしていると、自分にとって大切なものに気づきます。それは将来、もっと賢明な決断を下すために役立つでしょう。また、心の中で幸運や成功の例を取り消してみると、それにもっとすばらしい結果や内容が与えられます。

例として、いくつかの実験を見てみましょう。実験の参加者たちは、「自ら選んだ大学に入ったこと、とくに親しい友人ができなかったこと、とりわけ重要な岐路もなかったことを心の中で取り消しなさい」と命じられました。実験の結果をすべて見ると、「対照グループと比べて、『心の中で取り消す』という行動をさせられた参加者は、大学の選択や友情、岐路にいっそう大きな意味を認めるようになった」のです。つまり、こうした事柄は「運命づけられている」とか「そうなるようにできていた」とか「人生での決定的な瞬間」であるという結論を出しました。奇妙な論理だと思われるかもしれませんが、参加者たちは「とてもありそうにないことなので、偶然だけで起こるはずはない。だから、それは運命づけられていたに違いない」という結論を出したようでした。

◉「一貫性のある自伝」ができると、人生の折り合いがつく

人は年齢を重ね、とりわけ中年になったときに人生を振り返り、成功したことを回想した

り、後悔したりして、自分が語りたい物語を考えるものです。「人生を語る物語」は、その中身や語り方も大切です。

ここ数十年間、心理科学者たちは「人が、自分の人生をどのように書き記すかということは、自分自身に対する考え方を形づくり、日々の行動に影響を与え、幸福に影響を及ぼす」ということを研究してきました。一貫性のある自伝を書くことによって、人は自分の過去をもっと受け入れられるようになり、未来を恐れる気持ちがより少なくなります。つまり、「現在の自分にどうやってなったのか」「未来はどのように展開していくのか」と、人生について秩序正しく重要性を考慮しながら語ることができれば、もっと幸せになれるのです。

たとえば、妹が重い病気だったときに、あまり一緒にいてあげなかったことを後悔するのではなく、妹がガンと闘っていることが、自分の第2のキャリアを人助けに捧げたいという原動力になったのだと理解するように。

人生とは、孤立したつかの間の時間の集まり以上の意味があるものだと解釈し、そんな時間を有意義な旅の重要な一部分に変えられれば、人はもっと幸せになり、もっと人生の目的を見出せるでしょう。不確かな未来を、予測できる一連の出来事に変えられるなら、私たちはもっと順応できるようになるのです。

1957年に製作されたイングマール・ベルイマンの映画『野いちご』では、主人公である、優しそうなスウェーデン人の年老いた医師が過去の後悔や、死が自分に近づいているという考えに悩まされています。人生を見直す必要に迫られ、彼は４００マイルの旅に出ます。その旅の間に、人生での重要な転換点となったことを思い出させる、あらゆる人や場所を訪ねるのです。彼が崇拝しているけれども、実は心の狭い母親、子ども時代を過ごした海辺、愛していたのに彼の兄と結婚してしまった元恋人、ケンカが絶えなかった苦い思い出のある結婚。記憶の中や人生で出会った人々との関わりを通して、自分自身を認識しながら医師はだんだん自分を受け入れようという気持ちになっていき、かつてなかった一貫性と意義を人生にもてるようになります。

このスウェーデン人の医師が成し遂げたことは、誰もが求めているものでしょう。これは研究者が**「自伝的な一貫性」**と呼ぶものです。それを成し遂げるには、心の中での時間旅行が必要になるでしょう。たとえば、幼い頃に戻ったり、パートナー、祖父母、友人、あるいは仕事をともにする人の立場で、現在の失敗や成功の種を探してみるのです。これまでの研究からわかっているのは、**「過去について書き出してみるだけで、人は人生での重要な出来事について、ある種の意味や秩序を手に入れられる」**そうです。そして、そういった出来事を受け入れ、後悔しているものに折り合いをつける機会も得られるのです。

◉後悔の度合いが大きいのは「やったこと」よりも「やらなかったこと」

「後悔」の度合いが大きいのは、たとえば、好きな人を追いかけなかったこと、医大を受けなかったことなど「やらなかったこと」のほうでしょうか？　それとも、たとえば、会社のクリスマスパーティでばつの悪い思いをしたことなど「やったこと」のほうですか？

もし、あなたが心理学の研究の協力者たちと同じ意見であれば、答えは自分が「やらなかったこと」のほうでしょう。では、なぜ、そうなるのでしょうか？

⑴「何もしないこと」よりも、「何かをしたこと」のほうが正当化しやすい

人間は、「大失敗や苦難が最終的にはいいものだ」と自分を納得させるのがとても上手です。おそらく、私たちは経験から、勇気、節度、ユーモアなどを学んできたからでしょう。また、経験によって、愛や回復力、忍耐力などが自分にどれくらいあるかがわかっていると思います。さらに、経験から、誰が真の友だちかということや、人生で最優先すべき事柄は何か、といったこともわかったはずです。そして、本当の意味でのポジティブな結果（自分が後悔している仕事で貢献したことなど）を経験から得たでしょう。

行動しそびれることよりも、大失敗を「直す」ことや、「元へ戻す」こと、「償う」ことのほうが簡単です。たとえば、自分が怪我をさせた相手に謝ることもできますし、もしも、あ

なたがいまの奥さんとの結婚を後悔しているなら、離婚も可能です。でも、大学時代の恋人と結婚しなかったことを後悔しているなら、もう彼女が手に入らない、という事実とともに残りの人生を送ることになるでしょう。

(2) 時間とともに、「何もしないこと」を悔やむ気持ちが大きくなる

何かをやったとたんに後悔する場合があるかもしれませんが、遺憾な気持ち、罪悪感、怒りなどがふくまれたこのタイプの後悔はかなり早く消えてしまうでしょう。でも、「やりたかったけれども、やれなかったこと」を悔やむ気持ちは、それほど早くやわらぐことはなく、そのうちにいっそう強くなる場合さえあります。つまり、大学でもっと一生懸命に勉強しておくべきだった、一度は故郷を離れたかったなど、「何もしなかった」ことへの後悔は時間が経つにつれてさらに厄介で心が痛むものとなるのです。

(3) 「何もしないこと」による影響はいつまでも続く

自分が「やらなかったこと」を考えるとき、やっていたら現われたはずのさまざまな結果をきりがないほどたくさん思い起こすでしょう。自分がとった愚かな行動をいろいろと思い出すとき、「なぜ、そんなことをしたのか?」という理由は、「だが、当時はあの仕事が完璧に思えたんだ。給料は文句なく、オシャレな街で働けたし」などと、自分にとってはなかな

か説得力があるものです。そして、愚かな行動をとった結果の数には限りがあり、あまり深刻ではないのが普通です。何かに失敗したとか、何かバカなことや普通のことをやった後で、「1年後に（5年後でもかまいませんが）、これは重要だろうか？」と自問してみてください。答えは「NO」の場合が多いでしょう。

⑷「やらなかったこと」への後悔は「ツァイガルニク効果」のせいである

「人は、『やったこと』よりも、『やらなかったこと』を後悔する傾向にある」という事実は、「ツァイガルニク効果」と関係がありそうです。これは、この現象を発見したロシアの心理学者にちなんで名づけられたものです。「『成し遂げた事柄』よりも、『成し遂げなかった事柄』のほうを覚えていて、あれこれ考える」という現象を指します。ですから、何かをしなかった場合、または始めたものを終わらせなかった場合、あるいは何か邪魔が入った場合でさえ、人はそのことをかなり長い間あれこれと考える傾向があります。なぜでしょうか？「やらなかったことによる後悔」は、つかみ損ねた二度とめぐってこないチャンスを伴う場合が多いからでしょう。一方、「やってしまったことへの後悔」は、はるか前に片づいている場合が多く、すっかり過去のものとなっているのです。

解決方法は、「もっとリスクを冒すこと」

この研究結果からは、「『やらなかったこと』を後悔しないことが、多くの人にとって重要な目標になる」と予想できます。**とるべき道は、「後悔を小さくし、人生の軌道を形づくる努力をすること」**なのは明らかです。成功するためには、もっとリスクを冒し、人生で挑戦しなかったものの数を減らそうとすることです。1か月につき、1つのリスクを冒すくらいがちょうどいいでしょう。安全地帯から抜け出して自分自身に不意打ちをかけ、つまずきながらでも進み、何か新しいことをする。ちょっとびくびくしても、チャンスをつかむのです。私の旧友の1人に、コメディを学ぶ教室に入って、初めて自分がどれほどおもしろい人間かを知った人がいました。

実際に、目標へと導いてくれる道はいくつもあるでしょう。その道を歩むときには、さまざまな驚き、意外な展開、転換を受け入れられるようにしておくべきです。そして、ほかの人が見逃しそうなチャンスをつかんだり、途中で路線を変更できるように柔軟でいましょう。もっとリスクを冒すこととか、新しい隣人との話のきっかけをつくるとか、新たな仕事のチャンスを探るとか、みんなが沈黙しているときに自分の考えを発表することなどです。

◉足るを知る「満足者（サティスファイサー）」になろう

研究者たちが「後悔」に関して知っていることのほとんどにふれてきましたが、後悔の原因として、まだ研究されていないものが1つあります。**後悔は完璧な選択をしようという努力に伴う場合が多く、とりわけ選択肢が山ほどある場合にその傾向が見られます。**

「選べる」という状況は望ましく、好都合だと思われるかもしれません。まったく選択肢がない場合と比べれば、その通りでしょう。けれども、**「あまりにも選択肢が多い中で何かを獲得したり、徹底的に探し出したりすることは、有害だ」**と、いまや科学者が説得力のある形で示しています。なぜなら、選択肢が多過ぎると手に負えなくなり、大きな後悔が生まれてしまうからです。

「どちらがいいか？」と尋ねられると、ほとんどの人はあまり選択肢がない場合よりも、選択肢が多いほうがいいときっぱり答えます。仕事を選ぶ場合であろうと、恋人を選ぶ場合であろうと、あるいはラジオの番組やアイスクリームの種類を選ぶ場合であろうと。しかし、Aという仕事や、Bというパートナーや、Cという音響システムを選ぶことに賭けた後、選択肢が多かった人々のほうが少なかった人々よりも満足感が少なく、結果的には後悔を感じることが多くなってしまうのです。

スワースモア大学のバリー・シュワルツ教授は自著の『なぜ選ぶたびに後悔するのか』

（瑞穂のりこ訳、武田ランダムハウスジャパン、2004年）の中で、このパラドックスについて要約しています。さらに彼は、世の中には2通りの人々がいることに気づきました。1つは、**常に掘り出し物を求め、「最高の」選択を追い求める人たちで、「追求者（マキシマイザー）」**と名づけています。もう1つは、**「十分によい」とだけ思える選択肢を見つけたら満足してしまう人々で、「満足者（サティスファイサー）」**と名づけています。私の職場の何人かに「追求者」と「満足者」について話したところ、誰もがすぐさま自分が（それに、自分が好きな人たちも）この2つのカテゴリーのどちらかに当てはまる、と気づいたのでした。

たとえば、「仕事を選ぶ場合について『追求者』と『満足者』を比較して調べると、『満足者』よりも『追求者』のほうが客観的にはより優れた仕事（初任給が20パーセント高かった）に従事していた」ようです。より時間をかけてより熱心に仕事を探した成果かもしれません。が、驚くべき結果が出ました。「『追求者』のほうが『満足者』よりも職業に対する満足度が低かった」のです。もしもあなたが「追求者」なら、完璧な選択をいつまでも追い求めることや、多くの別の選択肢を探し回ったり選んだりする行動によってかなり不満を覚え、失望してしまうでしょう。なぜ、そうなるのでしょうか？

第1に、**人は決断をすればするほど疲れてしまい、意志力が失われていき、やがて精力を使い果たしたように感じて、さらに悪い選択をするようになるからです。**

第2に、**選択肢があればあるほど、調べれば調べるほど、その中に満足できる選択肢があ**

る可能性が高まるからです。そのため、受け入れがたい結果が生じた場合、自分が悪いのだと思い、隣人のほうが自分よりもよい選択をしたと考えて、後悔の原因がますます増えてしまうのです。

仮に、自分に向いたキャリアを何年も費やしてさんざん探し回り、ついに音楽の仕事を選んだとします。それがうまくいかなかった場合、自分を責め、大学時代のルームメイトが賢明にもヘッジファンドの取引の仕事を選んだことをうらやましく思い、くよくよと後悔することになるでしょう。一方、たいして考えもせず、とりあえず家業に従事して、うまくいかなかった場合、他人（あるいは不運）が悪いのだ、と責めるに違いありません。

人生で後悔が忍び寄ってきたり、突然にやってきたりするときに備えて、「追求者」になるより、「満足者」になるための努力をしたいものです。たやすいことではありませんが、やってできないことではありません。そのために、シュワルツ教授があげた方法は、次のようなものです。

比較することをやめる

第1に、本書の〈誤った神話1〉の章を思い出しながら、自分を他人と比べることを少なくしましょう。世の中には常に、いずれかの点で自分よりも優れた人がいます。同僚、友人、隣人、家族や有名人と、自分を比べれば比べるほど、ほかの人のほうが成功していると気づく機会が増え、「自分がそんな人たちほどうまくいっていない」と後悔する場合が多くなるでしょう。もちろん、自分よりもうまくいっていない人がいることもわかるはずですが。けれども、私の研究から明らかになったのは、**「自分よりもみじめな人がいるとわかっても、自分よりもよい状態の人がいるという感情の埋め合わせにはならないこと」**です。

時間を記録した日記をつける

第2に、自分がどれくらいの時間や努力を費やして、さまざまな決定をしているかを追ってみましょう。「1週間にわたって時間ごとの行動を記録するように」と、私は常に勧めてきました。その記録は毎日の24時間の行動を調べるものです。すると、驚くべきことが見つかる場合が多くあります。とにかく、些細な、あるいはかなりどうでもいい決断に多くの時間を浪費していると気づいたら、もっと時間を使う価値があるものがほかにあると判断できるでしょう。

専門家を頼りにする

第3に、少なくともいくつかの分野では、専門家（何かの技術に関して実際的な知識のある人など）や、専門家のウェブサイトなど多数の人の情報を頼りましょう。しかし、最終的な決定を専門家に任せることは重大な問題です。専門家のアドバイスや、批評している人によるランキングを参考にすることは選択のさまざまな方法の1つに過ぎないにもかかわらず、十分に注意しないと、気がついてみれば夜中過ぎまでアマゾンのまったく自分と共通点もない人々の無作為のレビューを読んでいるという場合もあります。専門家の意見に頼ることを目的とすべきですが、あらかじめ見る時間や数を制限して（30分だけ見る、専門的な知識のある人1人だけに会うなど）しておきましょう。

「完璧さが過大評価されている」のを忘れない

最後に、完璧なものを期待してはなりません。常に正しいことを期待しないように。また、ある選択が理想のものでなかったときに自分を責めてもいけません。責めるべき相手が本当に自分だったときでさえ、見逃したかもしれない別の選択肢をくよくよ考えたり、選んだものが期待通りのものでなかったとして自分を憐れんだりすれば、さらに気分が悪くなってしまうだけです。〈誤った神話4〉の章でお話ししたように、「自責の念」への対処法の1つは、自分が恵まれている点を数えることです。人生におけるいろいろな「よい点」に感謝を表わしてください。

チャンスに備えるために

　あこがれていた目標には決して届かない、またとないチャンスを見逃してしまったと悟ることはつらいに違いありません。残念ながら、「ある夢がかなわないなら、幸せになれない」と思うと、初めのうち、くよくよと悩み続けるという泥沼にはまり込む反応を示します。

　実際、悲観的になって受動的に、いつまでも思考をめぐらせて後悔にふけり続けると、悲観的な気持ちや絶望的な状態や喪失感に拍車がかかるだけでなく、まだ達成できる可能性がある夢さえあきらめようという気持ちになってしまうのです。

　ただ思い悩むのではなく、後悔の害や危険について、観点を変えましょう。ただ後悔して、「ああなったかもしれない……」というふうに考えて幸福に悪い影響を与えるのではなく、もっと賢く成長し、最後にはもっと幸せな人間に成長するのに役立つ方法を見つけることができるのです。

　「もし、○○だったら」という考えに打ちのめされるとき、行動できなかったことを後悔するとき、あるいはさまざまな選択のせいで行動できなかったとき、心理学的な理論や研究から明らかになっている最も健全な反応は、次のようなものです。それは「身動きがとれない状況になるのではなく、『もし、○○だったら』ということをじっくりと検討し、事実に反するものによって人生の道や自分がどこへいくのかを考える（過去のトラウマによって、結局は人生に豊かさや意義を与える幸運がもたらされるなど）」というものです。

何もしないことを後悔しないように、小さなリスク（小さなものでなくてもかまいません）を冒してみてください。たとえば、昨日できなかった行動について、今日、力強く言葉に出すなどして対処してみます。そして完璧よりは、「よりよい」というくらいの選択肢をとることを目的にしましょう。

誤った神話

10

「人生で最良のとき」が過ぎたら、幸せになれない

「目が覚めた最初の瞬間が、最もわびしくて最も悲観的になるときだ」という人がいます。夜明けの時間に最初に浮かんだ考えなどは、さほど理性的ではない、と後で悟るかもしれませんが、そのときはそんなふうに思わずにはいられないのです。彼らにとって世界は荒涼としたものに見え、未来は不毛で、過去は無益で、現在は心配ごとと腹立たしいことばかりのように思われます。

その日の後になれば、笑うこともあるでしょうし、創造的な時間を過ごしたり、愛情や楽しみを感じたりする時間もあるでしょう。しかし、目を覚ましたときにはそのような可能性が思い浮かばないのです。朝、人を最も打ちのめすのは、いわば「自分の人生で最高の時代は過ぎ去った」という自覚でしょう。

この考えに共感する人は多いのではないでしょうか。毎朝、こんなことを思うのではなくても、失望したり疲れたりしたせいで気力が衰えたと感じるたび、あるいは毎週、もしくは

ときどきにせよ、同じようなことを思う人は多いはずです。「自分の最高の時代が過ぎた」と感じるのは、年寄りである必要はありません。かつては喜びや達成感を与えてくれた仕事を引退したとか、成長して子どもが家を出ていったりしたなど、この感情は人生の後半を迎えた、たいていの人に共通した次の2つのような最も強いものであるのは間違いありません。

・過ごしてきた年月よりも残された年月が少ないと、幸せになれない
・人生の最高の時代を終えてしまったら、幸せになれない

ただし、このような思い込みはおなじみのものだからといって、有害でないとか、間違ったものでないということにはなりません。実は、人生の後半に対する思い込みは1つだけでなく2つあります。1つ目は、私たちが「人生の最良のときを判断できる」という誤った思い込みです。2つ目は、「幸せ」というものに関する思い込みで、「若ければ若いほど、人は幸せである」というものです。

この章の目的は、この2つの間違った思い込みを次々に取り除き、最新のとても興味深い研究結果をいくつかお話しすることです。それによって過去や未来について健全な（または不健全な）考え方が明らかになり、「人が最も満足できるのはどの年代のときか」「その理由は何か」がわかるはずです。満足感やさらには喜びも高める選択ができるでしょう。人生の

道筋や年をとることについての思い込みをあらためることができると、人生のほかの部分も、もっと自由な観点から見ることができ、新しい選択ができるようになります。

◉はたして、人は「人生で最良のときがいつか」を判断できるのか？

まずは、「最高の時代は過ぎ去った」という考え方から検討してみましょう。これは私たちにわかるものなのでしょうか？　もしかしたら、わかるのかもしれません。ただし、1年間にわたって、「よいこと」と「悪いこと」を1つひとつ評価し、その結果を生きている間ずっと毎年、グラフ化することが可能ならば（実際は、可能ではないわけですが）。思い出せる限りの子ども時代の最初の年から始まって、年老いて死ぬまでずっとデータをとることができるならば、わかるかもしれないでしょう。しかし、私は1人の実験社会心理学者として、こうした方法について、方法論上の問題を山ほどあげられます。

自分の人生を振り返る際に無視できないのは、人間が自分の過去についての記憶や判断をかなり偏ったものにしてしまうことです。**「バラ色の記憶」と呼ばれる現象は、私たちが人生での過去の出来事や時代を、実際にそうであったよりも楽しいこととして、またポジティブなものとして覚えている傾向がある**ことを伝えています。たとえば、かなり楽しみにしていた旅を「する前」と「している間」と「した後」という3つの異なった経験から追跡した、

3つの優れた研究を見てみましょう。この研究のすべてにおいて、旅行した人は、旅の間じゅう、たくさんの失望や悪天候を経験し、憂鬱な思いをし、事態をまったくコントロールできていない感覚を味わいました。けれども、旅から帰ってきたとたん、彼らはそのような経験をかなりすばらしいものとして表現したのでした。

これと同じような偏った判断は、私たちがはるか昔の恋愛だの、初めての昇進後の時期だのを思い出そうとする場合にも姿を現わします。多くの人は、人生での特定のエピソードをどんなものにするかについて固定化された考え方をもっています。その考え方に沿うようにさまざまなエピソードを再構築し、再解釈し、いくつかについてはあえて忘れるようになってしまうのです。この考え方を試すために、人生で「バラ色」だと思っている時代に書いた日記や手帳を調べてみてください。おそらく当時は、かなりのストレスを経験し、問題が起こり、失望を味わっていたとわかってショックを受けるでしょう。

しかし、人が過去の時代を正確に、かつ現実的に評価することが本当に可能だとしたらどうでしょう？　そのような時期を評価し、比較するために必要な正確さや的確さを備えているとしたら？　たとえ、こうしたいくらか疑わしい仮定が信用に値するものだとしても、より大きな間違った問題が残ります。それは、「死ぬときまで自分の最高の年がどれかを私たちが判定できないこと」です。ですから、私たちが自分の判断は間違いないし、正確で、時を超えても変わらないと推測したとしても、結局のところ、人生で最高の年が大学時代だったとか、新婚時代だったとか思っても、その後振り返ってみて、考えを変える人が多いのではないでしょうか？　結局、将来どんなことが起こるかは誰にもわからないのですから。

◉「授かり効果」と「対比効果」で幸福感は異なる

「古きよき時代が本当によかった」と見なすなら、がっかりしたり、郷愁にふけったりしないで、幸運だったことを十分に生かすために、いまどのように考えればいいのでしょうか？私は同僚たちとともに「幸福と思い出」という論文を提出しました。それは古き良き時代を現在に生かすことや、自分たちの現在や過去をどう考えるのがベストなのかを理解するのに役立つ、１つの方法を提案したものです。

この研究は「授かり効果」と「対比効果」の差を中心に展開されています。次の例を考えてみてください。1年間のすばらしい海外生活をすることで、経験の「預金口座」はいっぱいになり、生活が豊かになる。この結果は、「授かり効果」の代表的な例です。大小の差はともかく、**過去からポジティブな経験を得ることによって幸福が高められたら（そして、逆に、ネガティブな経験によって幸福が損なわれたら）、それは「授かり効果」です。なぜなら、「授かった」思い出や経験の預金口座に影響を与えるからです。**

では、帰国してからのあらゆる経験と好ましくない比較をし続けることになり、その海外生活ほどのものは決して得られないことになる。この結果は、「対比効果」の例です。**私たちが現在を「古きよき時代」と比較する場合、「あまり幸せではない」と感じると、せっかくのポジティブな経験が妨げられてしまいます。逆に、現在を「古き悪しき時代」と比較する場合に「対比効果」が起こると、もっと幸せになるか、少なくとも不幸の程度が減ります。**

この考え方が意味する重要なことは、「人生である特別な出来事の効果がどんなものか、人はいつも把握しているわけではない」という事実です。初恋、子どもの誕生、すばらしいディナーなどは、信じられないほど私たちを幸せにしてくれます。人生を豊かにしてくれ、さらには人生を深いものにし、向上させてもくれるでしょう。けれども、過去のこうした同じ経験に本来備わっている喜びやスリル、新しく見つけた意義は、現在の日常生活におけるささやかな喜びや失望に対してマイナスの影響も与えます。そのせいで、悲しみや胸の痛む郷愁が絶えず生み出されてしまうのです。

この興味深い考え方を実験によって調べるため、同僚たちと私は一連の研究を行ないました。その研究では、民族的に多様なアメリカの大学生を対象にして、子どもの頃のさまざまな出来事を思い出してもらいました。また、イスラエルの成人を対象にして、兵役期間に起こった出来事について尋ねました。手短にいえば、アメリカ人とイスラエル人の両方とも、自分が「どちらかといえば幸せだ」と考えている人は、これまでの人生からポジティブな出来事を引き出す傾向があることがわかりました。たとえば、恋愛の興奮や長い間求めていた目標の達成や、軍隊で手柄を立てたことなど、さまざまな経験の思い出から喜びや楽しみを引き出すのです。

しかし、「自分がどちらかといえば不幸だ」と考えている人は、ネガティブな出来事を引き出すことが明らかになりました。つまり、病気や失恋や戦争で仲間を失ったことや、小さな怪我といったことが、ネガティブなことをくよくよ考えたり、過去のことを思い煩ったりする原因になったのです。そのような経験は、今日に至るまで彼らを不幸にしています。

「対比効果」の場合、「わりと幸福だ」といった実験参加者たちは、またしてもより健全でより適応できるさまざまな方法を選んだことがわかりました。言い換えると、「わりと幸福な人々」は、いま現在の経験を「おや、私の人生はいまのほうがはるかにいいな」などと過去のとりわけネガティブな経験と比較する傾向にあります。一方、「慢性的に不幸だ」といった実験の参加者たちは、「前は人生がもっとワクワクさせられるものだったのにな」などと現在を過去のポジティブな経験と比較する傾向があるのです。

こうした研究結果は相関的なものです。そのため、過去の思い出し方が人によって異なるのは、その人の幸せの状態が原因なのか、幸せが反映されているのかについてまでは断言することができません。しかし、このことからいくつかわかってくることがあります。

1つ目は、**人生の出来事の最終的な結果は誰にもわからないものだ**、ということです。

2つ目は、**そうした結果は部分的には自分でコントロールできるものだ**、ということです。

3つ目は、**過去の出来事をどんなふうに覚えているかが、いま幸せになれるのかどうか、ずっと続く幸せが得られるのかどうかを決定づける**、ということです。

「自分の人生で最高の時代は終わった」と信じ込む人は、この実験に参加した慢性的に不幸な人たちとまさに同じことをやっています。「現在」と「バラ色の過去」とを比べているのです。いまよりも若くてもっと刺激があって、もっと幸福な日々を懐かしく思い出しますか？　それとも、体力をなくしたり、友だちや愛する人を失ったりする前の、いまほどは不幸でないおだやかな日々を思い出しますか？　このような時代を、現在と比べて思い起こすと、人は誰でももの思いにふけり、郷愁にかられるでしょう。昔の楽しかったことばかり思い出したり、それを過大評価したりすると、現在の生活の喜びに気づかなかったり、よさを認めたりできなくなってしまいます。

「よい思い出のおかげで、人はもう一度幸せになれるのです」という、エリザベス二世の助言を心に留めることをお勧めします。思い出によって幸せを減らすのではなく、幸せを増やしましょう。その選択をするのは自分自身です。

◉「幸せな時間」は味わい、「不幸せな時間」は分析する

ポジティブな過去の出来事はひとりでに生まれるものではないので、「対比効果」よりも、

「授かり効果」のほうが見つけにくいでしょう。しかし、研究によって有望な方法が提案されています。私は学生たちと、実験の参加者に「人生で最も幸せだったとき」と「不幸せだったとき」を繰り返して思い出し、そうした時期を体系的に分析してもらいました。

まず、実験の参加者は、ポジティブな出来事を再現し、それからネガティブな出来事を分析した後、いっそう幸せになったのです。別の言い方をすれば、たとえば、結婚式の日や、試合で決勝点をあげた日など、過去の何かすばらしかったものを思い出すとき、私たちはそれを分析したり、説明したり、どんなものからできているかと解体したりしたいとは思いません。あまり質問もしたいとは思わないものです。録画したビデオを再上映するときのように、心の中でそうした出来事を再現してみるのではないでしょうか。

この方法は、出来事を楽しみ、最大の楽しみや喜びをそこから引き出す手助けとなるでしょう。要するに、私たちは分析するのではなく、再現することによって、古きよき時代を「授かる」(対比するのではなく)ように努力すべきだ、ということです。逆にいえば、**「最も不幸だったとき」「最も心が痛んだとき」を体系的に分析すれば、最も幸せになれるのです。**そうした出来事を理解しようとし、受け入れ、そこから意味を引き出し、乗り越えるのでしょう。

私が行なった実験から、これは意図的に実行できることが明らかになっています。たとえば、ある特定の出来事が起こった理由や、そこから自分がどのように成長していけるか、それに伴う問題をどう解決したらいいか、といったことを段階的に書き記すのです。〈誤った神話6〉の章で述べましたが、分析するプロセスの手助けとなるように書いてみるとか、誰かと話すなど、言葉を用いると試練や苦難を理解するのに役立ちます。言葉にするまでは気づかなかったかもしれない「つながり」に気づきやすくなることによって、さまざまな影響から原因を解きほぐせるようになります。つまり、**幸せな時間は味わう（分析するのではなく）ように努力すべきですし、不幸せだった時間は理解する（再現するのではなく）ように努力すべき**なのです。

◉未来を変える方法——人生の「目標の追求」が幸福感を高める

すばらしく思える過去のことを、くよくよと考えるのではなく、未来に焦点を当てる最も確実な方法の1つは、**意味のある人生の目標に取り組むこと**です。「行動なくして、幸福なし」です。目標を追い求めなければ、幸福は訪れません。しかし、前述したように、目標は賢く選ぶことが重要です。そして、より大きな幸福をもたらしてくれる方法によって、目標の方向性を変えられる能力を育てていきましょう。

「選ぶ目標」はまわりから促されたものではなく、自分自身で決めたものでなければなりません。また、目標はお互いに矛盾するものではなく調和のとれたものでなければなりません。

ただ単に裕福になりたいとか、権力がほしいとか、美しくなりたいとか、有名になりたいとかいうものではなく、何かの分野で専門家になりたいとか、まわりの人とつながりたいとか、地域社会に貢献したいといったものなど、人としての内なる欲求を満足させるものでなければなりません。また、自分の真の価値と一致するものでなければなりません。そして、実現可能で柔軟性のあるものでもなければならないのです。さらに理想をいえば、何かを避けたり逃げたりするものよりも、何かを得ようと集中するもののほうがいいでしょう。ここにあげたような目標を追い求めると、より大きな幸せや充足感、忍耐力が伴ってきます。

「目標の追求」は、誰にとっても幸福を増すために可能な方法です。学んだり、育てたり、努力したりすることに価値があるのです。さらに、高過ぎるくらいの目標をもってもかまいません（いや、もつべきです）が、そうした目標をいくつかの「サブ目標」に分けて、毎日の目標という形で実行し始めるべきです。

ここにあげたような方法は、どれも目新しくはありません。「人が、いかにして目標を達成するか」については、たくさんの本で書かれています。よく目にするのは、ビジネス、人間関係でうまくいく、そして、健康になるという目標です。こういった書物はしっかりしたアドバイスをしていますが、私は3つ注文をつけたいと思います。

1つ目は、このようなアドバイスの大半は科学的な研究にもとづいたものではなく、さまざまなエピソードや意見にもとづいている、ということです。

2つ目は、著者が特定の目標（また、それを達成する方法）に関心を向けていて、そもそもその目標が追求する価値のあるものかどうかについては考えていないことです。前述したように、多くの実験から明らかになっているのは、**「どんな目標を選ぶか」が「目標を達成する方法」と同じくらい重要だ**、ということです。

3つ目は、「あなたの夢を追いましょう」といった内容の本は、どれも目標の追求よりも、目標の達成のほうにウェイトを置いていることです。別の言い方をすれば、著者たちは、読者が何よりも求めているものは「特定の目標を達成することだ」と推測し、「頂上にたどりつくことが最も重要だ」と考えているのです。これとは対照的に、〈誤った神話3〉の章の「お金持ちになれば、幸せになれる」でも明らかになっていますが、研究からも「目標の達成を認識すると、幸福感がかきたてられないケースが多いこと」がわかっています。

世間知らずな若い頃は、はるか昔になったかもしれませんが、「未来に対する目標」が本質的に価値のあるものならば、これから残されている時間で大いに成長でき、情熱をたくさんもつことができ、さまざまな冒険でいっぱいになり得るのです。残されている時間、前向きな考え方をもって進まなければなりません。人間関係を向上させたいとか、健康になりたいとか、もっと笑いたいなど、いずれを望むとしても、「意味」と「目的」をもちましょう。過去をバラ色のものとして思い出す注意力やエネルギーを、未来のポジティブで持続できる期待へと変えられるとしたら、それは「目標を実現する能力がある」ということです。

◉「最高の時代」は第2の人生にある、という意外な事実

若い人でも、あるいは中年や老年であっても、大半の人は年をとることに関する思い込みを信じています。つまり、年をとるにつれて幸福度が減り、10年経つごとにどんどん幸せでなくなっていき、ついには人生が悲しみと喪失感で特徴づけられる地点にまで達する、というものです。それゆえ、研究によって決定的に明らかになった真実を知ると驚くかもしれません。それは、「自分の最高の時代は、はるか昔になってしまった」と結論づけた、大半の人の判断が真実からまったくかけ離れているということです。実は、年配の人々は、若い人々よりももっと幸福で人生にもっと満足しているのです。彼らはよりポジティブな感情を経験し、ネガティブな感情はさほど経験していません。そして感情面での経験は、日々のネガティブなことやストレスという浮き沈みにあまり左右されず、より安定しています。

「幸福のピークがいつ訪れるか」は明確ではなく、研究によって結果も違っています。しかし、最近の3つの研究から、**ポジティブな感情面での経験のピークは、64歳と65歳、そして79歳のそれぞれに発生すること**が示されました。きわめてはっきりしているのは、若くて大人になりかけの時期が人生で最も明るい時期ではなく、最もネガティブな時期である可能性が高い、ということです。「自分の最高の時期が過ぎ去ってしまい、年をとるにしたがって

向上する点など何もない」と信じ込んでいる人々にとって、この発見はかなり驚きでしょう。

スタンフォード大学高齢化センターを設立したローラ・カーステンセンは20年間にわたって、「年をとるにしたがって人がより幸福になるのはなぜか?」という疑問への答えに対する理論を展開し、調べています。彼女の主張によれば、「人は自分の時間が限られていることに気づき始めたとき、人生に対する見方を根本的に変える」のだそうです。時間軸が短くなればなるほど、私たちはいっそう「現在志向性」を強め、かなり限られた時間や労力を人生での本当に大切な物事に注ぐようになるのです。ですから、たとえば、年をとったときには、新しい人々と会ったり、リスクを冒したりするよりも、意味のある人間関係が最も大切になります。

だからといって、当然ながら、人生の半ばを過ぎた後で誰もがいつでも幸せになる、という意味ではありません。年をとるにしたがって、人は永遠に続くものなど何もなく、人生がもろいものであることをますます悟るようになります。過ごしてきた歳月のすべてにいっそう感謝の念をもつようになるでしょう。同時に、人生が長ければ長いほど、喪失に出会ったり直面したりする可能性が高くなります。そして、ほろ苦い経験やつらい経験をする場合も多くなるでしょう。たとえば、姉に再会した喜びを感じるとき、そこにはもはや兄が生きていないことへの悲しみの気持ちが混じっているかもしれません。しかし、ポジティブな感情とネガティブな感情がこのように同時に起きることで、高い高揚感と低い落ち込み感がやわらぎ、感情的な生活がより安定したものになるのです。

人生の後半から先は、それまでとは違ったいろいろな方法で幸福感を高めることができると考えられています。**「この世に存在する時間が限られている」という認識が年を得るごとに成熟し、向上していく社会的なスキルと結びついて、「幸福を最大にしよう」「感情をもっとうまくコントロールしよう」という気持ちにさせます。**たとえば、落ち込んでいたり不安だったり、腹が立ったりしているとき、もっといい気分になろうとして最善を尽くすでしょう。そして過去に自分を嫌な気持ちにさせた人とつき合わないよう、嫌な気分にならないよう、よくない状況に陥るのを避けるはずです。

年をとるにしたがって、満足感、安らぎ、喜び、親密さといった感情を維持することは、前よりもたやすくなるかもしれません。なぜなら、より成熟すればするほど、人の注意や記憶にはポジティブな偏りが見られるようになるからです。つまり、**人は年をとるにつれて、隣人、人間関係、人生の歴史など、さまざまな情報に関してさえ、ポジティブな面に注目して、記憶し、そしてネガティブな面は大目に見る傾向が強くなるのです。**

このポジティブな偏りは、人は年をとればとるほど、批判には意識的に目を向けまいとする「意図的な感情調節の方法」の結果かもしれません。または、加齢によって、衰えが進むのを経験するという「ネガティブな感情の過程」と関連した脳の構造が働く結果かもしれません。いずれにしても、「人生の後半に幸福が存在する」という信念は誰もがもっています。

チャンスに備えるために

中年に近づいたときに直面する岐路は、「ただ、このまま晩年に向かうのか?」、それとも「まだ活躍するのか?」という、それ以降の人生をどうするかの選択にとどまりません。この年代は「人生で最高の時代が終わってしまった」と悟る人が多い時期なのです。この時点で私たちは決断します。過去を理想化することからいつまでも抜け出せずに、未来の目標をしぼませて台なしにするか、あるいは心の目を未来に向けるかということを。

この本の重要なテーマは、最初の思いつきや、本能的なとっさの反応(私は年をとるのが怖いなど)に注意を払うことではありません。年をとることについての思い込みが間違いだと証明する、この章で述べられた研究結果について考えてみてほしいのです。そうすれば、私がここまで述べてきた、より健全でより最適な反応ができるようになるでしょう。直感的には「情熱をもち続けて、どの地点に進めるのか?」と疑問を抱くかもしれませんが、理性的な「再考」をすると、ほかの情報が手に入るはずです。

このことについては、科学によってよいニュースがもたらされています。それは「人は年をとればとるほど、より幸福になり、より感情を上手にコントロールできる」ということです。ですから、人生の後半は、挑戦し、喜びを味わい、成長する、ワクワクするような時期になるでしょう。実際に、本書でお勧めしたことのほとんどすべては、年長者がすでに備えている知恵と見なしてもよいのです。いわば、実際に歳を重ねる前に、誰もが年をとることの恩恵を得られるのです。これを達成するためには選択の範囲があります。追い求める目標はさまざまなものがありますし、未来へと引くことのできる線はいくらでもあるのです。ですから、「直感」ではなく、「第2感」に耳を傾けてください。

「そう、私は確かに過去にいろいろな喜びや情熱をもっていたし、成功もあった。でも、未来にはもっと多くのものが待っている」と。あるいは、もしかしたら「第3感」というのもあり得るかもしれません。ある分野では敗北を受け入れるけれども、別の分野に考えを移すというものです。

「確かに、私の出産適齢期（あるいはマラソンを完走できる年齢や、大学生になれる年齢）はとっくに過ぎてしまったけれど、新しい章が始まっているのだ」

Epilogue
「幸せ」が本当にある場所

私が本書の終わりの部分の執筆に差しかかっていた、6月のある朝のことです。8歳になる息子が初めて泊まりがけのキャンプに行くのであわただしく準備していたところ、とても驚いたことがあります。なんと、自分が妊娠していることがわかったのです。

待ち遠しくてたまらなかったり、不安になったり、つわりが続いたり、といろいろあった後、2011年の2月12日に娘のイザベラが生まれました。私は44歳で、夫は10歳年上、イザベラの上には9歳の子と、もうすぐ12歳になる子がいました。

人生のこの時期に赤ん坊がいることなど、夢にも思いませんでした。仕事と家庭生活のバランスを保つために、たくさんのエネルギーや工夫が必要でしたし、3人目の子ども（女性が仕事から脱落する原因の最たるものです）なんてこうした生活をすべてひっくり返してしまい、家族全員を限界に追い込むだろうと確信していたのです。

でも、私は間違っていました。「感情予測」に関するティム・ウイルソンとダン・ギルバートの研究の参加者たちと同じように、私は自分の「心理的な免疫システムの効果」を予測し損ねたのでした。人生の遅い時期に生まれた赤ん坊の奇跡をこんなに苦もなく、そしてすぐさま正当化できるということや、家族が増えてどんなによいことがあるかということを。

さらに、人生のほかの面でもポジティブな変化があることを予想していませんでした。年上の子どもたちは、あれこれと手伝ってくれるし、感情面でも支えにもなってくれ、同僚たちは意識的に私への頼みごとを減らしてくれるのです。もちろん、時が経つにつれて、家族は前よりも余暇が少なくなったことに順応していき、いまでは1人きりの時間や、一対一で話せる時間があると、心から感謝しています。最後に、私が忘れていたか、予想できなかったことがあります。それは私の手をしっかりと握る赤ん坊の小さな手を感じる喜びや、イザベラの兄や姉が年に似合わず妹に見せる愛情や思いやりを目にしたときのうれしい気持ちです。

この本で自分が予測したり、お勧めしたりしたさまざまな方法を、私は文字通り実行しているような日があります。「人は、何によって本当に幸せになるのか」、あるいは「不幸せになるのか」という思い込みや、私たちがどれほど長い間間違ってきたのかということに挑戦する研究を経験してよかったと思います。そして危機的な状況に取り組むための最も健全な方法を考える時間をもてたことを喜んでいます。

多くの人は幸せを待ち望んでいます。私たちが強く信じているのは、いま幸せでないならば、完璧な仕事に就いたり、恋人ができたり、広い家と子ども2人（男の子と女の子）をもった裕福な人間になれたときに、幸せになれるだろう、ということです。一方、人々は大きな不幸の原因になるに違いない、さまざまなターニングポイントを恐れています。たとえば、お金や仕事を失うことやパートナーが自分に合わないとわかること、パートナーがいないこと、健康状態が悪くても耐えること、強い後悔の念とともに生きること、老いることなどを。

たくさんの研究がこうした「感情予測」にまつわる間違いを指摘しています。私たちの多くが抱いている「幸せに対する思い込み」という間違いです。本書での私の目的は、こうした研究についてまとめ、それぞれ仕事、お金、結婚、加齢、健康などに関する、特定の危機的な状況について順に焦点を当てることでした。さらに、「幸せに対する思い込み」が無害なものでないと力説したこともご理解いただけたでしょうか。間違った思い込みや誤解のせいで、予想できる人生の移り変わりが、壊滅的な、危機的な状況になるばかりではなく、お粗末な決断をしたり、心の健康を損なったりという、さらに悪いことにもなってしまうのです。

もし、離婚や独身でいることや、年をとることのせいで、人はずっとみじめだという考えに賛成し、回復力のすばらしさや、伴侶のいないことや年を重ねることの恩恵に気づいていないなら、不幸な結婚生活を続けたり、自分に合わない相手と結婚したり、不必要な整形手術を受けたりするかもしれません。同様に、害があるのは「感情がよい状態であることについての思い込み」を誤解した場合の影響です。自分と同じような危機を経験している人は多いことを理解していないと、落ち込みや不安、自信のなさに襲われるかもしれません。最悪のシナリオ、つまり自殺さえ考えられなくはないのです。もし、喪失や別れをどうしたら乗り切れるかを推し量ることができなければ、人生における希望をすべてなくしてしまうかもしれません。

「幸せ」に対して誤った思い込みをするせいで、こうした有害な結果になることがどれほど残念で無意味かは、いくら強調しても足りないほどです。「幸せ」がやってくるのをただ待ち受けるのはやめなければなりません。また、不幸が訪れるかもしれないとおびえるのもやめましょう。「幸せ」が本当に見つかるのはどこか、また、見つからないのはどこかがわかったいま、あなたがいる人生の道が「危機的な状況」から「成長が促進される状況」へと変わることを願っています。さらに、それぞれの「危機的な状況」に対する「感情的な反応」を刺激するものが何かを理解した後、本書でお勧めした「適応」を遅らせる、逆境に立ち向かう新たな目標を追求して成功するための方法を、実践してください。

人は、誰でもさまざまな危機的な状況を経験するものです。私にとっては最も望ましい選択が、あなたの選択と似ているとは限りません。けれども、そのような危機的な状況のときに経験する「強い恐怖」や「大きな失望」への最も健全な反応によって、共通する要素が生まれてきます。明確なのは、どの要素も自分の体やお金や時間に投資するのと同じように、感情面にも投資したいと思えるように努力が必要なことです。それこそが、幸福感を強く高める方法なのです。

最も広く当てはまる方法については、本書を通じて何度も述べています。不愉快なことや悩ましいものだけに関心が向けられていたら、もっと大きな視野で物事を見てください。打ちのめされていて、あるイメージや考え方にとりつかれていたら、関心をほかのものに向け直すように努力するべきです。そして、ネガティブな状況の明るい面を見ましょう。どんな見方をするかについては、それぞれ創意工夫を凝らしてみてください。人生にいろいろな選択肢や目新しいものを取り込みましょう。本質的に価値があり、本物で、柔軟性のある目標を追求し、手に入れてください。

「人生の挑戦や変化にどう反応するか」を決める、「幸せ」がずっと続く、または不幸せを生み出すものについての思い込みが、どのようなものかがわかれば、幸福や成功や成長を促すためにどう行動すべきかを決める準備もできるでしょう。とまどわずに、1つひとつ向き合って考えるのです。本能ではなく、根拠に頼りましょう。

「幸せ」に対する思い込みが急増しているのは、「幸せ」になるための魔法の公式などなく、また、みじめになるための確実な方法もないことを意味しています。つまり、人生におけるどんなものも、自分が考えているほど大きな喜びを生み出したり、みじめな気持ちにさせたりはしないのです。この事実を理解すれば、私たちはもっと自由になり、力を得て、視野が広がります。それだけではなく、優れたものを選ぶ最高のチャンスが与えられ、正しい行動がとれるはずです。

監修者あとがき

ソニア・リュボミアスキー教授の最初の著作『幸せがずっと続く12の行動習慣』(日本実業出版社) に引き続き、2冊目を日本に紹介できてうれしいかぎりだ。

カリフォルニア大学リバーサイド校のリュボミアスキー教授は「幸福」の研究家として世界の中で5本の指に入るほど有名な研究者だ。彼女の研究成果は多くの学者の論文やメディアに取り上げられている。映画『happy』でも登場したので、ご覧になった方もいるのではないだろうか。

彼女の研究は「永遠に続く幸福の可能性」が中心になっている。当初、「幸せ」は壊れやすく、環境が変わるとすぐに変化してしまうものと思われていたが、研究が進むにつれて、努力すれば幸せが長く続くことがわかってきた。現在、リュボミアスキー教授たちは、幸せで充実した生活をするための「ポジティブ行動モデル」をつくって、それを検証するような研究をしており、その研究のかなりの部分がこの本の中にまとめられている。

この本の原題は『The Myths of Happiness』だ。直訳すると「幸せの神話」である。「神話」は教訓に満ちている話だったりするけれど、真実の話ではない。リュボミアスキー教授は、一般に思い込まれている幸せに対する考え方を「神話」として、仕事やお金、結婚生活、年を重ねてからの人生などの10の場面を取り上げている。

仕事や生活の場面で直面するさまざまなシーンにおいて、「○○○だから、私は幸せになれない」とか、「○○○になりさえすれば、幸せになれる」という「直感の思い込み」を「神話」としてとらえ、「そういうふうに思い込んでいるかもしれないけど、本当は違うんだよ」と伝えている。そして、「ポジティブ心理学の視点から見るとこんな対応ができるよ」と実証されたさまざまな方法を活用して、「理性」で考え直すことを教えてくれる。まさに、実践的な本である。とくに、ここにある10の場面と同じような状況に置かれている人にとっては、かけがえのないアドバイスが得られるはずだ。

ポジティブ心理学はアメリカ心理学会の当時の会長 マーティン・セリグマン博士が1998年に提唱した。「普通の人がより幸せに生きるための科学」として新しい分野の心理学をスタートさせた。それ以前の心理学といえば、精神の病に関する研究が中心だったが、健常者が幸せ度を向上できるようにするための心理学を切り開いたのだ。

フロー理論のチクセントミハイ教授や、ポジティブ感情を研究していたバーバラ・フレドリクソン教授らとともに、「幸せ」に対する研究の第一人者であるリュボミアスキー教授も一緒になって新しい分野の学問につくり上げていった。2010年ぐらいからは、他の分野の学問と手を結んで研究が発展している。心理学だけでは証明しにくい瞑想の効果は脳科学で効果があることが証明され、ポジティブ感情の身体への影響は生体科学により証明されてくるようになった。

ポジティブ心理学は世間でいう「ポジティブ思考」とは違う。「行け行けドンドン」や「極楽とんぼ」のような向こう見ずな積極さではない。「ポジティブ思考」には科学的証明は必要ないのだが、ポジティブ心理学は証明されないと理論が成立しない。したがって、多くの研究者がその方法をたくさんの被験者に実践して、成果を得られたことが紹介されている。薬が厚生労働省に医薬品として認められるには統計的に見て効果が証明されないと認可されないのと同じように、ポジティブ心理学では統計的に見て効果が証明されないと理論が成立しないのだ。だから、証明されたことと同じような考えをもち、行動をすると誰にも再現できる確率は高いのだ。

私は、一般社団法人　ポジティブイノベーションセンターやサクセスポイント株式会社での活動をしながら、働く人の幸福度向上に関するワークショップをすることが多い。自分を最大限に活かせる仕事をしながら組織の目的達成に役立つことができる方法について考えるようなワークショップだ。そのようなワークショップをしながら気づくことは「幸せになりたいと思っている人はたくさんいるが、幸せになれる方法を知らない人がたくさんいる」ということだ。

ポジティブ心理学や周辺の学問が発達して「幸せになる原理」がわかってきたからこそ、その原理を実践すれば幸せになれる。そんな幸せな人が増えるための活動を今後も続けたいと考えている。リュボミアスキー教授の第2作目である本書にも多くの幸せの原理が散りばめられている。本書が、読者のみなさまの幸せのためになることを願っている。

2014年7月

渡辺　誠

訳者紹介

金井真弓（かない　まゆみ）

翻訳家。法政大学文学部卒業。主な訳書に『幸せがずっと続く12の行動習慣』（日本実業出版社）、『ジグ・ジグラーのポジティブ思考』『サブプライムを売った男の告白』（以上、ダイヤモンド社）、『人を助けるとはどういうことか』『ダイアローグ』『サーバントリーダーシップ』（以上、英治出版）などがある。

監修者紹介

渡辺　誠（わたなべ　まこと）

一般社団法人　ポジティブイノベーションセンター代表理事。サクセスポイント株式会社　代表取締役。2008年に日本で初めてポジティブ心理学の応用を始め、一般社団法人　ポジティブイノベーションセンターにて、ポジティブ心理学を研究し幸せづくりに貢献したい人たちの集まりを運営。また、サクセスポイント株式会社では企業を対象にポジティブ心理学を活用した人材開発や組織開発を提供している。監修に『幸せがずっと続く12の行動習慣』（日本実業出版社）、共著に『ビジネス心理公式テキスト　マネジメント心理編』（中央経済社）がある。

一般社団法人　ポジティブイノベーションセンター
positiveinnovation.org

サクセスポイント株式会社
www.successpoint.co.jp

ソニア・リュボミアスキー（Sonja Lyubomirsky）
米国カリフォルニア大学リバーサイド校の心理学教授。社会心理学とポジティブ心理学のコースで教鞭をとっている。ロシア生まれ、アメリカ育ち。ハーバード大学で学士号を取り、スタンフォード大学で博士号を取得。2002年度のテンプルトン・ポジティブ心理学賞など、さまざまな賞を受賞。また、米国国立精神衛生研究所から数年にわたって助成金を受けて、「永遠に続く幸福の可能性」について研究を続けている。テレビやラジオの番組にも多く出演し、多数の講演も行なっている。著書『幸せがずっと続く12の行動習慣』（日本実業出版社）は19か国で翻訳された。

リュボミアスキー教授《きょうじゅ》の
人生《じんせい》を「幸《しあわ》せ」に変《か》える10の科学的《かがくてき》な方法《ほうほう》

2014年9月1日　初版発行

著　者　ソニア・リュボミアスキー
訳　者　金井真弓
監修者　渡辺　誠
発行者　吉田啓二

発行所　株式会社日本実業出版社　東京都文京区本郷3－2－12 〒113-0033
大阪市北区西天満6－8－1 〒530-0047
編集部 ☎03－3814－5651
営業部 ☎03－3814－5161　振　替　00170－1－25349
http://www.njg.co.jp/

印刷／壮光舎　製本／共栄社

この本の内容についてのお問合せは、書面かFAX（03－3818－2723）にてお願い致します。
落丁・乱丁本は、送料小社負担にて、お取り替え致します。

ISBN 978-4-534-05212-4　Printed in JAPAN